도반 4

깨달음으로 가는 101가지 이야기

정도령 지음

한솜미디어

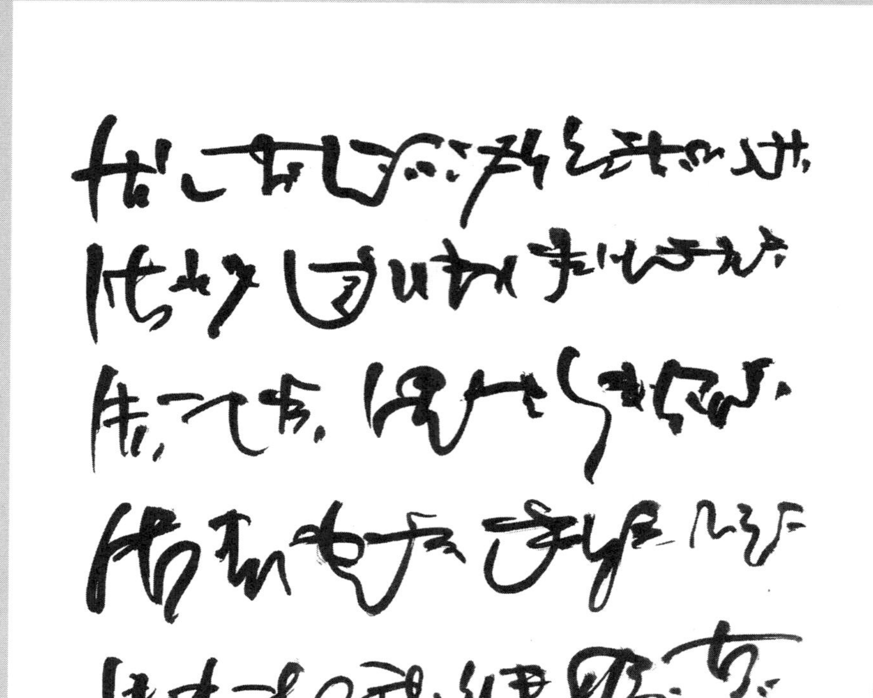

"천서"

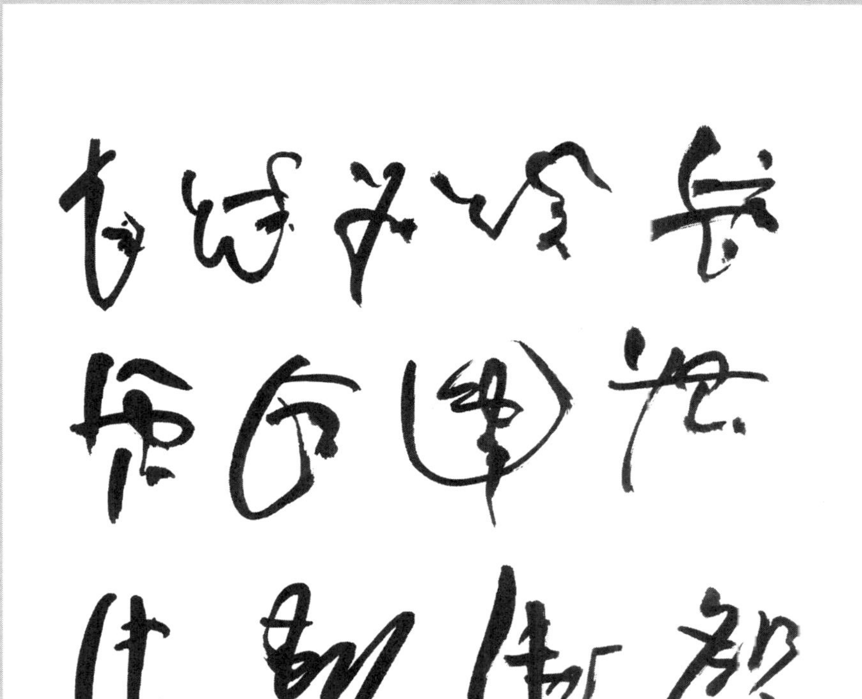

“천문”

正道靈

허기진 배를 안고 기도를 해서 새로이 얻는 것이 있다면
난 밥을 먹지 않아도 즐겁다.
이제사 그것을 안 것이다.

이제 4편을 쓰며 난 하늘의 중계방송 힘을 실감한다.
이 책이 베스트셀러가 안 된다 해도
난 하늘을 알았기에
힘을 얻고 살아가는 법을 알려줄 것이다.

새삼 내가 살아온 것을
하늘에 감사해야 한다는 것을 알았다.
누구라도 그렇게 한다면 인류는 평화를 잉태하여
평화가 서서히 오게 될 것이다.

인간이 살아가는 법을 알고서
난 다시 산다는 것이 얼마나 고귀한지를 알았다.
진정 1초라도 소중하게 살아야 한다는 것을 깨달았다.

하늘의 소리를 듣고 난 항상 깨달아간다.
물론 인간이 할 수 없는 일도 있지만
그것은 하늘에 부탁한다.
되는 일도 있지만 안 되는 일도 있다.
그것은 원하지 않아야 할 것을 원하기 때문인 것이다.

□ 이 책을 쓰는 취지

글 쓰는 재미가 마음속에서 울려 퍼지고 있다.
내가 "저자"라니 하늘의 능력을 실감한다.

난 결코 국조 단군을 안다고 하지 않을 것이다.
대신 국조 단군은 한국을 위해 계신다고 할 것이다.
우리나라의 통일도 단군이 할 것이다.
나는 어떠한 것도 해결할 수 없다는 것을 깨우쳤다.
깨우치는 것은 너무 쉬운데 왜 그렇게 고생하나?
나도 한때는 그랬던 것 같다.

글을 쓰며 나 자신을 돌아보게 되고
이 글이 민족을 살리는 글이 되기를 기원하며
오늘도 잘 쓰기를 다짐한다.
취지라는 것이 나를 만든 것이다.

세상을 떠날 때까지 하늘의 소리를 알리기 위해 글을 쓴다.
하늘이 내려주는 대로 속삭여 갈 것이다.
민족의 역사가 바로 서는 그날을 위하여….

正道靈

깨달음으로 가는 101가지 이야기

도반 4/ 차례

제1장 폼 재고 있네

차례 / 도반 4

제2장 제자를 보는 눈

제3장 열린 글

도반 4 / 차례

제5장 우주관으로 본 신명의 세계

깨달음으로 가는 101가지 이야기

도반 4 / 차례

제6장 신이란

제7장 제자들 글모음

차례 / 도반 4

제1장

폼 재고 있네

"천서"

기도하다 보니

난 기도라는 마약을 먹은 사람이다. 항상 먹는다. 하늘에서 주는 마약을 말하는 것이다.

하늘의 마약은 먹는 시간이 따로 없다. 그것은 하늘에서 나 자신을 위해서 여러 가지의 마약으로 내려주신다. 우선 내면을 정화시키는 마약 그것부터 정신없이 먹게 한다.

물도 필요 없이 적응을 하게 한다. 그러고 나야 내 삶이 밝아져서 사회에 어울릴 수 있게 된다. 아직도 사회에 어울리지 못하는 사람들은 하늘의 마약을 먹고 나야 알 수 있게 되는 것이다.

단, 하늘에서는 시시때때로 점검을 한다. 점검을 한다는 것은 자신을 감시한다는 것과 같다. 점검을 통해 많은 느낌을 갖게 되고 발전이 스스로 오게 된다.

무엇을 한다고 생각할 때는 난 하늘의 메시지를 들리게 한다. 그리고 나면 무엇이든 원하는 것을 하게 한다.

누구나 원하는 것이 있기에 밖으로 말을 하든 속으로 하든 기도를 하는데 기도는 처음에는 통성기도를 하는 것이 원칙이다. 그리고 나야 내면에 있는 기운이 정화되어 간다. 세월이 흐르면 속으로 하는 기도가 저절로 되기 시작한다.

나 혼자에게 말하는 기도가 아니어야 한다. 모든 자연에게 응답을 줄 수 있도록 연결이 되어야 한다. 자신의 주위에 있는 것들이 연결을 하게 한다. 그중에 최고의 기도는 내면과의 대화를 말한다. 하늘은 이렇게 말해 주고 있다.

난 기도를 통해 어느 것과도 대화를 못하는 것은 없다. 그것은 기도의 원력이다.

사람이 잘살려고 한다면 항상 기도를 달고 다녀야 하는데 그것까지도 하늘에서 조종해 줄 때 일어나는 것이다.

나 역시 기도한 것이 나의 의지로 한 것은 아니다. 그래서 기도는 자신의 의지보다 내면의 의지로 해야 한다. 하지만 내면의 의지로 한다는 것은 쉬운 것은 아니다.

이제 여러분들은 내면의 의지로 기도를 한다는 것을 알고 나야 하는 일들에 욕심을 내지 않게 되며 내면이 할 수 있는 것만 갖고 있는 기운만큼 하게 하는 것이다.

이것을 아는 만큼 인간은 살아가는데 재미를 느끼게 되며 남들에게도 자신이 살아가는 방법도 알려 주게 된다.

나 지쳤어

언젠가 나는 하늘공부를 하며 지칠 때가 한두 번이 아니었다. 그 이유는 하늘공부는 내 자신이 전혀 알 수 없는 방법으로 공부를 알려 주는데 우선 외워서도 안 되며 메모를 해도 안 되는 것 때문이었다. 그래서 사람의 머리로는 하늘공부한다는 것이 너무 지치게 한다.

우선 내가 많이 알고 있다고 해도 어려운 것이며, 알고 있다는 것만으로도 깨달을 수 없는 공부이기에 이것을 알기까지 수십 년이 걸린 것이다. 이것이 깨달음의 공부인 것이다. 그러므로 수없는 나날을 보낸 것이다.

이제 깨달아가는 방법을 알고 나니 그동안 많은 시간을 하늘에서는 지치게 해서 알게 하는 것을 알았다.

우선 책을 보지 않아야 하며, 학교도 다니지 말아야 하며, 진정으로 "나는 아무것도 모릅니다"라고 하늘에 고할 때 하나하나 하늘은 알려 주는 것이다.

그러나 지금 영적공부를 하는 사람들은 어떻게 하는가? 자신이 안다고 하지 않는가? 그렇게 해서는 절대로 하늘을 알 수 없는 것이다.

그런데 지금 어디서나 신이나 기 그리고 영을 가지고 인간적으로 알아 사람들을 기만하면서 이용하고 있다. 다시 말해서 외우거나 책을 통해 알려준다면 절대로 깨달음의 길을 갈 수 없다는 말이다.

깨닫기 위해서는 알고 있는 것을 하늘에서는 지우기를 원하며 머리에 담고 있다면 절대로 알려 주지 않는 것이 하늘이다.

하늘엔 자신을 가르치는 교관이 따로 있다. 물론 하늘의 문을 열면 누구에게나 있는 것이다. 교관이 그때그때마다 자신의 수준대로 알려준다.

교관이라 하는 것은 천신을 말하는 것이며 인간이 깨닫기 위해서는 천신의 도움을 받아야 한다. 그래서 조상신을 모시는 사람은 깨달을 수 없는 것이 현실이다. 그렇기 때문에 조상신을 모시고 있는 사람들이 깨달았다고 한다면 우스운 일이 아닐 수 없다.

천신은 하늘에 올라가 하늘공부를 한 사람들을 말하는 것이며 그래서 모든 인간들은 죽으면 하늘에 올라가기를 원하는 것이다. 하늘에 올라가지 못한 사람들은 그 자손들에게 올려 보내달라고 괴롭히고 있으며 만약 빙의가 됐다면 살기가 어려워지며 머리가 이상한 사람이라고 하는 경우가 많다.

그래서 인간이 태어나 죽고 나면 하늘에 천도가 되어야 한다. 그래야 자손이 살아가는데 불편함이 없이 잘살게 되며, 역으로 조상이 천도가 안 되었다면 살아가기 힘들어진다. 그렇게 되면 힘들게 일을 해도 효과가 없으며, 남을 원망하게 되며, 하늘을 원망하게 된다. 다만, 이것을 부정한다면 거기에는 답을 줄 수가 없다.

이제 독자제위도 이 점을 알고 산다면 평안을 가질 것이다.

육갑이 뭔지 알아?

언젠가 어릴 때 뭘 좀 안다는 어른들이 육갑을 집어보는 경우를 가끔 볼 수 있었다.

사람은 언제든지 그 사람의 기운을 읽을 수 있다. 물론 손으로 보는 경우도 있지만 목소리로도 알 수 있다. 또한 여러 부위를 통해서도 그 사람의 기운을 읽을 수도 있다.

난 사람의 목소리만 듣고도 그 사람의 기운을 읽게 됐다.

목소리에 가장 많은 기운이 들어 있다. 이 정도까지 안다는 것은 내가 아는 것이 아니라 나의 신명들이 알려 주는 것이다.

누구나 할 수는 없지만 하늘의 소리를 알고 나면 누구나 할 수 있는 행위이다. 제자들이 영적공부를 한다면 쉽게 일어나는 현상일 뿐이다.

사람의 기운을 알아보는 데는 단지 몇 초일뿐이다.

우리가 흔히 선을 보러 가면 한번에 상대방을 읽을 수가 있는데 그 역시 자신의 신명이 알아보는 것이며 인간은 누구나 그러한 기운이 들어있다. 단지 그것이 어떻게 일어나는지를 모를 뿐이다.

이제 누구나 알 수 있는 영적체험을 이야기 하고자 한다. 우선 사람이 꾸는 꿈도 영적체험이다.

꿈이 생각나는 사람도 있지만 그렇지 않은 사람도 많다. 그 이유는 신명이 높을수록 그렇게 되는데 오히려 꿈조차 꾸게 하지 않는다. 그러나 꿈을 꾸고 나서 꿈을 생각하는 사람이 많은데 오히려 꿈이 생각나지 않는 사람이 좋은 것이다. 그것은 신명이 높은 것이며, 꿈을 자주 꾸는 사람은 좋은 현상은 아니며, 영적공부를 하는 사람에게는 방해만 줄 뿐이다.

우선 영적공부는 영의 수준이 높아야 좋은 것이며, 수준이 높을수록 공부에 도움이 되며, 영성을 알고자 하면 쉽게 접근할 수 있다.

이제 대강 알았을 것이다. 단지 영적수준이 낮은 사람들은 무당이나 역학을 보기 위해 다니며 소용없는 일을 하게 되는 것이다. 그래서 여기저기 자신의 미래를 알기 위해 다니지만, 생각해 보면 자신이 너무 무지하구나를 알게 된다.

이제 여러분들은 우선 신명의 급수를 알아야 한다는 것이 제일 중요하다는 것을 깨우쳐야 한다.

"천문"

멋지게 살어

'하하… 하며 웃고 산다면 얼마나 좋을까' 하고 생각해 볼 때가 있다. 그런데 우리는 얼마나 웃고 사는 것일까?

하루에 한 번도 웃을 일이 없어 웃지 못하는 사람도 있는데 나는 그런 이에게 웃음을 찾아주고 싶다.

여러분은 웃는 얼굴을 보면 어떠한 생각이 드는가?

나같이 말은 안 해도 같은 마음일 것이다. 그렇다. 웃음은 모든 것을 평온하게 하며 긍정하게 만드는 최고의 무기로 변신한다.

나 역시 웃지 못하고 살아간다. 우선 인생이 웃음으로 살아간다는 것을 안다는 것은 좋은 것 같다.

웃음 뒤에는 어떠한 변화가 있는지 영적으로 하늘에 물어보았다. 하늘에서는 이렇게 답을 내리신다.

우선 웃음을 갖고 산다는 것이 가장 멋지게 사는 것이라고 답을 해준다. 웃음이 명약이 될 수도 있으며, 웃음이 자신에게 가장 큰 변화를 주는 것이다. 그리고 건강에는 웃음을 이기는 건강법이 없다고 한다.

그럼 웃기 위해서는 사람의 체질이 어떻게 되어 있어야 하는가?

간단하게 말하면, 자신의 내면을 보여주는 것이라고 한다. 자신의 내면을 보여 준다는 것이 웃음이라면 어려운 것은 아닐 것이다.

겉으로 웃는 웃음은 자신을 발전시키지 못한다. 단, 내면이 웃어 주는 웃음은 상상도 못할 만큼 마음이 정화된다. 그래서 인간이 살아가는데 웃음은 멋지게 사는 방법을 알려주는 최고의 무기라는 것을 알 수 있다.

인간이 멋지게 산다는 것은 누구나 선호하는 일이며 멋지게 살고 싶지 않은 사람은 없을 것이다.

웃음, 그렇다. 쉽게 웃을 수 있는 것은 아니다. 웃는 것은 어떠한 조건이 형성되어야 한다.

요즘 우리나라의 어린아이를 보면 짜증을 내는 경우를 흔히 볼 수 있는데, 어린아이들을 너무 혹사시키는데 이유가 있다. 어린아이들에게 자유롭게 놀 수 있는 시간을 만들어줄 때 한국은 머지않아 웃음 광장의 나라로 변할 것이다. 이것이 우리나라의 미래인 것이며, 멋지게 사는 방법인 것이다.

특히 어린아이를 웃을 수 있게 자유로움을 줄 때 그 나라는 번영과 발전이 따라올 것이다. 그래서 누구나 멋지게 사는 법을 터득하게 될 것이다.

오늘 여러분은 남을 위해 얼마나 웃고 하루를 보람 있게 보냈는지 생각해 보라. 날마다 즐거움이며 평화를 찾을 것이다. 이것이야말로 멋지게 사는 것이 아니고 무엇이겠는가?

원망해 봐야

나처럼 원망 속에 살아온 사람은 드물 것이다. 그 이유는 나는 나만 생각하고 살아온 사람 중에 한 사람 이다. 사실 자랑거리는 아니다. 그러나 그것은 자신을 망가지게 하는 것만 남을 뿐이다.

그렇다. 남을 원망하고 산다면 발전이 없을 것이다. 동감하시는 분도 있을 것이다.

난 부모님이 일찍 돌아가셨으며, 나에게 남겨준 것은 가난과 고통이었다. 그때는 원망도 했지만 지금 생각해 보면 오히려 나에게는 많은 경험과 시련을 만들어 주셨다.

혹 상대방을 원망하거나 그런 생각을 하고 계신 분은 오히려 남을 원망하는 것은 자신을 혹사시키고 있는 것이다.

절대로 남을 원망해서는 "성공을 할 수 없다"라고 마음에 항상 담아두어야 한다. 남을 원망하기 전에 자신을 돌아보는 것이 중요하다.

어느 날부터 난 남을 원망하기보다는 나의 책임을 스스로 묻기 시작했다. 그러기 위해서는 내가 어떤 사람이며 무엇을 하고 살아가야 하는지가 궁금했다.

'어디 가서, 누구에게 물어봐야 알 수 있을까' 하고 항상 생각하며 고민을 했다. 여기저기 다녀도 답은 구하지 못했다. 답은커녕 물어보는 횟수에 따라 점점 모르게 되었다. 구할 때가 없었다.

그렇다. 지금도 자신을 몰라 자기 아닌 다른 행동을 해서 본의 아니게 다른 사람에게 오해를 받는 사람이 한둘이 아니다. 나 자신이 이렇게 글을 쓰는 것은 하늘이 답을 주기에 쓰는 것이다. 사람이 태어나 무엇을 하고 살아야 하는지 알려 준 것이다.

난 평범한 사람이다. 하지만 나를 보는 시선은 그렇게 보지 않는 것이 문제가 된다. 지금은 내가 무엇을 하고 살아야 하는지를 알게 됐다.

그 답을 찾기엔 많은 시간이 흘렀다. 그 이유는 답을 어디서 찾아야 하는지를 몰랐기 때문이다. 이제는 답을 알려 주는 곳이 어디라는 것을 알기에 어려움이 있을 때는 하늘과 단군할아버지에게 부탁을 해서 답을 찾는다.

인간이 자신을 잘 모를 때는 남을 원망하는 것도 당연하다. 하지만 그 이유를 알고 나면 살아가는데 많은 도움이 된다. 남을 원망하는 것은 인정이나 긍정을 못하는 데서 일어나는 현상이다. 상대를 원망하며 사는 것은 원칙과 구칙이

상실되었기 때문이다.

부디 원망하지 않는 삶을 살아야 한다. 그러기 위해서는 자신을 알아가자.

자신이 누구인지를 알려면 그 답은 내면에 있다는 것을 알아라.

실천사항

인간은 태어나면서 지킬 것이 있다.

우선 자연에 순응을 하며 살아야 한다. 또한 인간이 해야 할 일이 한두 가지가 아니다.

어느 날 '인간이 어떤 것을 실천해야 인간이 잘살았다라고 자신 있게 말할 수 있을까' 하고 생각을 해봤다.

물론 사람마다 다른 기운을 갖고 태어난다. 그래도 모든 인간은 같은 마음으로 지켜야 하는 것이 있다.

첫째는 나라를 사랑하는 마음과 민족을 생각하는 마음이다. 특히 자신의 부모나 조상을 위하는 마음이 있어야 한다. 우리는 단군의 자손이다. 우리가 우리 조상 단군을 모르고 산다면 얼마나 마음이 아프시겠는가? 이것을 생각할 때마다 할 말이 없어진다. 다시 말하면 조상을 모르고 사는 사람을 보면 눈물이 앞선다.

어떤가? 여러분들은 안 그런가? 만약 그렇다면 그런 사람은 살고 있지만 사는 것이 아니다.

조상이야말로 우리들을, 자손을 위해 얼마나 고생을 하셨는가? 자손을 위해 고생하시고 나라를 위해 목숨을 바친 선열들은 자손들에게 무엇이라고 말씀하고 계실까. 난 그렇게 생각한다. 그 어느 나라도 조상을 외면하는 나라는 보기 힘들다. 자손은 조상이 해놓은 대로 해야 할 의무가 있고 그렇게 해야 한다.

내가 이 책을 쓰는 가장 큰 이유도 여기에 있다.

물론 영의 세계, 기의 세계, 신의 세계도 중요하지만 난 조상으로 인해 지금 이 자리에 있기에 항상 감사를 드린다. 물론 더 잘 해 드리고 싶은 심정이다. 인간이 살아가면서 가장 실천해야 하는 사항이다.

이런 마음을 갖기에는 수많은 시간이 흘렀다. 나 역시 나라와 민족을 외면하고 살아온 사람 중에 한 사람이다. 그래서 지금은 그것을 깨달아 전해 주며 살아갈 뿐이다.

어린아이는 부모님의 말을 잘 들어야 하며, 어른은 아이를 사랑하는 마음으로 키워야 한다.

우선 공부가 중요한 것이 아니라는 것을 알아야 한다. 그럼 무엇이 중요한가?

먼저 예절이 중요하다. 예절을 중요하게 키워야 한다. 예절 다음에 공부이다. 공부를 아무리 잘해도 예절이 없다면 그것은 헛공부며 헛 살아온 것이다. 그래야 세계 속으로 달려 나갈 인재를 양성하는 것이다.

인성교육이 우선이다.

우리나라의 교육은 지금 여러 가지로 잘못 되어 있는 실정이다. 교육이 잘 되어야 나라가 발전할 수 있다. 이 말은 누구나 부정 못할 것이다.

우선 종교를 찾기 전에 조상을 찾는 것부터 실천해야 한다. 개천절을 기억하고, 우리나라 모든 국민이 축제의 날로 정하고, 우리 것을 발표하는 데 힘써야 한다.

우선 민족의 기쁜 날로 정하고 살아가야 한다. 높으신 대통령도, 잘살지 못하는 서민도 다같이 한마음이 되어 개천절 하루만이라도 축제의 날로 보내야 한다.

우리가 실천해야 할 일도 못하면서 잘살기를 원한다면… 우리나라는 어처구니없게도 잘사는 것에서 멀어질 것이다. 그러나 우리 민족이 해야 할 일을 제대로 한다면 걱정도 고민도 사라질 것이다. 이것이야말로 모든 국민이 실천을 해야 할 일이다. 그리고 나서 종교를 갖는다면 우리나라는 더없이 잘살 것이다.

우리가 한민족으로 살아가는 것은 우리의 조상 단군이 나라를 세우셨기 때문이다. 그 이유를 알고 민족을 생각하는 마음을 갖고 실천하며 살자.

"천문"

원수가 나를 도와주네

사람이 살아가다 보면 좋은 일만 있는 것은 아니다. 혹 원수까지 만들어 내는 경우도 있다. 성경책에는 "원수를 사랑하라"라는 말이 있는데 그것은 같이 동행하라는 뜻이다.

원수는 자신을 가장 잘 아는 사람이다.

서로 마음이 틀리다고 상대방을 외면해서는 안 된다. 같은 마음을 갖고 생활한다면 그렇게 좋을 수 없다.

인간은 조그만 것으로 오해하는 경우가 많다. 원수를 만들지 않기 위해서는 어떠한 경우라도 오해의 소지를 없게 해야 한다. 인간은 오해를 잘하기에 항상 조심하고 살아야 한다.

우리는 지금 사이가 좋다고 그냥 믿어버리는 경우가 많은 편이다. 시간이 흘러 세월이 지난 다음에 겪어야 느끼는 경우도 많다. 물론 자신에게 처음 잘해 주었을 때와 같이 대해준다면 얼마나 다행한 일인가? 친구도 속이고, 자신이 가장 믿었던 사람이 원수로 변해가는 사회를 누가 좋아할 것인가?

지금 사회는 그렇다. 부유층을 싫어하고 자신에게 잘못이 없어도 원수처럼 행동하는 사람도 있다. 직장 상사, 아니면 오너가 한 가지라도 잘못이 보인다면 바로 이때다 하고 회사에서 불만을 토하는 사람도 더러 있는 형국이다. 회사의 사장도 사장이 되기 위해서 많은 시간과 머리를 썼을 것이다. 그러나 이제 갓 회사에 입사한 사람은 오너의 심정을 이해 못하기에 불만을 갖고 있는 것이 당연하다.

요즘 세상은 참지 못해 일어나는 불상사가 너무나 많은 것이 현실이다. 툭하면 데모나 일으키고 자기의 원수도 아닌 사람을 중상모략하고 사는 사람이 허다하다.

특히 우리나라의 여당과 야당은 서로 원수처럼 지내고 있다. 서로를 이해하는 것은 하나도 없으며, 서로 이해는커녕 꼬투리만 잡으려고 한다. 서로 화해하고 의지하는 모습을 보여줄 때 국민은 편안한 마음으로 살아갈 것이다.

지금 TV에서는 아파트 값이 올라가고 세금이 올라 고민한다는 사람들을 보여 주고 있다. 나 역시 저런 내용의 방송을 보면 은근히 울화가 치민다. 서로의 마음이 합의가 되어서 잘살 수 있는 길은 없을까?

사람은 흔히 마음먹기에 달렸다고 한다. 용서만 해주면 모든 것이 풀릴 것이다. 용서를 해주는 세상으로 바꿔야 한다. 그래야 서로 원수가 없을 것이다.

용서하는 마음을 길러야 한다.

첫째 상대의 마음을 알아야 한다.

둘째, 상대방의 처지를 내 처지라고 생각을 해봐라.

셋째, 상대방을 내 품으로 평소에 들어오게 하라.

이렇게 한다면 이 사회는 평온과 발전이 있을 것이다. 전쟁과 이별이 없는 나라가 될 것이다. 이 세 가지의 마음을 가지고 산다면 원수도 사랑하게 될 것이다.

진짜와 가짜

요즘 국민은 어느 것을 믿어야 하고 어느 것을 믿지 말아야 하는지 잘 모른다. 그 이유는 너무 가짜가 판치기에 진짜가 손해를 많이 보는 세상이다.

사람도 그렇다. 누구를 믿어야 할지 안 믿어야 할지 믿음이 사라진지 오래이다. 진실성이 사라졌다. 그래서 진짜를 고르기가 별을 따는 것보다 힘이 든다. 속이고 속는 세상이기에 그렇다. 또한 여자들의 얼굴이 자신의 진짜 얼굴이 아닌 사람이 많다. 화장을 지우거나 세수를 하면 다른 얼굴로 변한다.

우리는 진짜 속에서 살아야 한다. 가짜가 없는 진실만 보여주며 살아야 한다. 꿀도 진짜 가짜, 명품도 진짜 가짜, 가방도 진짜 가짜 이런 세상이다.

이렇게 이 사회를 만드는 데는 여자들이 한몫을 한다. 아마 이것이 여성 상위 시대를 말하는 것 같다. 하하….

그러지 말아야 하겠다. 앞으로는 여자가 남자보다 숫자가 많다고 하는데, 살기가 점점 어려워진다는 말도 된다.

우리는 지금 진짜와 가짜 속에서 허덕이고 산다.

대통령을 뽑아놓고 가짠지 진짠지 의심부터 한다.

정말 신용사회가 되어야 한다.

나 역시 진짜와 가짜라는 울타리로 몰아가는 세력으로 인해 많은 수난과 고난의 세월을 보냈다. 내 자신이 진짜이길 원한다. 그래서 세계를 이끌어갈 한국의 정신세계를 알릴 것이다.

한국은 머지않아 이 사실을 알게 될 것이다. 우리나라 대한민국이 전 세계의 어른이라고….

사기 치네

지금도 이 사회는 사기로 판을 치고 있다. 자신을 속이고 사는 사람이 많다는 말이다. 이것을 볼 때 무엇이 나를 도와줄 것인가를 생각하게 한다.

지금 대한민국을 "좋은 나라다"라고 생각하는 국민들이 별로 없다. 이것이 우리나라의 현실이다. 우리는 우리 민족을 사랑해야 한다. 일어서야 한다.

하늘에서 내려다볼 때는 한심한 것만 보인다.

그럼 우리나라의 미래나 발전을 보여 주기 위해서는 어떻게 해야 하는가? 여러분들도 알다시피 몇 번 말했지만, 우리 민족은 단군으로 다시 일어서야 한다. 말로만 조상을 섬기지 말고 진정한 마음으로 해야 할 것이다.

우리 민족은 거의 사기꾼이다. 국조 단군을 모르고 사는 것이 이유이다. 그 이유는 합당한 것이며 당연하다.

지금이라도 늦지 않다. 우리나라의 흥망성쇠는 단군을 모시는 일이다. 단군을 종교와 비교한다면 말도 안 된다. 우리가 통일, 통일하지만 국조이신 단군의 힘으로 풀어가야 한다. 이 책을 정치를 하거나 사업을 하는 사람들이 본다면 아마도 가슴이 뜨거워질 것이다.

난 배운 것은 없지만 한 가지 나라와 민족을 위해 살아갈 것이다. 거짓이 아닌 진실로 말이다. 우리 민족을 보고 하늘에서 노한다. 하늘에게 용서를 빌고 우리는 하늘이 원하는 것을 알아야 한다. 그리고 그대로 실행을 해야 한다.

난 애국자도 아니지만 내가 원해서 됐건 안 됐건 난 깨달아서 좋다. 다만 알아줄 위인이 한국에 없는 것이 안타까울 뿐이다. 자신을 속이는 일은 없어야 한다. 그것은 내면에 좋지 않은 악신이 있기 때문이다. 그러나 그것이 있는지 없는지도 모르기에 그런 것이다.

우선 자신이 누구인가를 아는 것이 급선무이다. 자신이 아닌 다른 것이 망치게 하기에 그것을 찾아내야 한다는 뜻이다. 다시 말하면 빙의가 되어 있기에 빙의가 되어 있는 것을 하늘로 천도를 시켜야 한다.

이 글을 읽고도 이해가 안 된다면 그것은 큰 빙의가 되어 있는 것이다. 자신 스스로 빙의가 되어 있다는 사실을 모르는 사람들이 우리 사회는 너무도 많은 현실이기에 이해를 못하는 실정이다.

오늘도 나는 빙의와 한판 전쟁 중이다.

난 평민이야

그렇다. 요즘은 평민이 힘들어하는 시기이다.

집 걱정, 취직 걱정, 대학교 등록금 걱정 등등 여러 가지로 문제이다. 하루하루 벌어서 사는 사람들에게는 살기가 힘이 든다.

하늘에서는 집 걱정, 취직 걱정, 대학교 등록금 걱정을 할 필요가 없다. 다만 소리를 듣고 행동에 옮기면 되는 것이다.

오늘도 제자들과 나는 하늘의 소리를 좀 더 듣고 싶어 마음을 하늘로 향한다.

이제 책을 읽는 독자제위들은 이미 내편이 된 것이다.

나의 글을 긍정하는 모습이 그려진다. 그렇다. 긍정하는 분들은 영적으로 수준이 있는 것이다. 영적으로 사는 사람들이야말로 가장 평민으로 사는 것이다.

평민으로 사는 것은 영적으로, 영성으로 사는 것을 말하는 것이다. 자신이 손해를 입어도 참고 이겨내고 진솔한 삶을 영위하며 살아가는 것이다. 평민이 살아가기가 힘이 들어지는 세상 누구든지 싫어할 것이다.

그렇다면 어떻게 해야 평민이 살아가기 좋은 세상을 만들 수 있을까? 생각해 보면 답이 쉽게 보이지 않는다.

평민이 잘살기 위선 모든 국민이 한 사람, 한 사람 바로 살아야 한다. 남을 원망하지 말고 자신의 처지를 알아야 한다.

"천문"

나만의 세계

나처럼 몸에 영이 들어 고생하는 사람들이 많은 세상이다. 다만 다른 사람들은 이해를 못하거니와 자신과의 싸움을 이길 때 영과의 대화가 이루어지는 것이다. 각자 사람은 서로 틀린 영을 가졌기에 상대방을 이해하기엔 너무나 어려운 것이 현실이다.

난 요즘 28살의 여자아이를 빙의에서 탈피하기를 원하는 속에서 바른 삶을 위해 고치고 있다. 이 아이는 정신병원과 정신과 약으로 살았다. 결국 이 아이는 정신과를 다니지 않아도 되었던 사람이었다. 아무리 약이 좋아도 빙의가 되어 있는 것을 고치기는 힘이 든다는 사실을 알았다.

이제 이 아이는 빙의에서 벗어나 새로운 삶을 영위하며 평범하게 살아갈 것이다. 자기만의 세계에서 벗어나 살아가게 된 것이다.

'누가 이런 세계를 이해할까' 하고 또 한 번 느낀다.

28살이면 시집을 가고 아이를 낳고 평화로운 가정을 이끌어갈 나이이다. 그러나 빙의로 인해 나름대로 망가져 있었다. 이젠 시집도 가고 자신의 삶을 찾아갈 수 있다.

난 가끔 의사들을 원망할 때도 있다. 정신병이 아닌 환자를 정신병으로 취급해서 약을 먹이고 고치지도 못하는 경우를 볼 때 정신과 의사도 영을 공부해서 바른 의사, 천의가 되어야 한다고 생각한다.

빙의는 영적으로 고쳐야 한다는 것을 모든 의사가 알았으면 하는 바람이다. 그러나 쉬운 것은 아닐 것이다. 의사가 영적체험을 해서 공부하기란 쉬운 것이 아니기에….

언제 의사들이 이런 것을 알까?

나만의 세계에 있는 아이들이 한두 명이 아니다. 그렇게 된다면 그 집안은 엉망이다. 그럴 수밖에 없다.

나만의 세계에 빠져 사는 사람들을 보면 불쌍하고 우선 고치고 싶은 마음이다.

덜 익은 남자가

난 사실 과일로 치면 덜 익은 과일과도 같다.

어느 날은 더운 나라의 과일도 되고 어느 날은 추운 나라의 과일도 된다. 다시 말하면, 어느 날은 썩은 과일일 때도 있다. 그러던 날이 햇수로 말을 한다면 할 수도 없을 정도로 많은 과일로 변했다. 지금은 거의 익어 누구나 먹기 좋을 정도이다.

그 이유는 하늘에서 글을 받는 것이 아니라 차원이 넘어 내 스스로 글을 쓰게 됐다. 예전에는 자동서기로 글을 썼지만 지금은 내 생각이 하늘 생각이 되어 내 몸은 인간이지만 온통 몸이 영적으로 변했다. 그래서 영적으로 삶을 살아가고 있다.

영적으로 산다는 것은 다른 것은 잘 이해가 안 가나 미리 세상을 내다보는 마음의 눈이 생겼다. 그래서 난 덜 익은 남자에서 과일을 키우는 남자가 되어있다.

난 많은 날을 내 자신이 덜 익은지도 모르면서 살아온 것이다. 왜 그랬는지 이제사 알 것 같다. 수많은 시련이 맛있는 과일로 만들어 준다는 것을…. 지금은 그런 의미로 비유법을 쓸 줄도 아니 허허… 이 얼마나 다행한 일인가.

난 종교에 대해서 아는 것도 없지만 그냥 입만 열면 내 의지는 아랑곳없이 말이 나오며 물론 나 자신도 모르는 말이며 하늘의 소리를 담는 것이다. 그것을 글로 표현하지만 배운 것이 없다보니 제대로 표현을 못하고 있는 실정이다. 아마 독자제위는 나를 이해할 수 있을 것이다.

자신이 어떤 과일인지 스스로 점검할 수 있다면 그것은 이제 거둬들일 때가 된 것이며, 아직까지 쓰레기통으로 가는 과일이라면 스스로 자신을 자각하고 새로운 인생을 살아가야 한다.

그렇다. 인생은 다 익은 과일보다 덜 익은 과일이 사명을 아는 것이다. 난 새롭게 태어난 것이다.

이러한 기분을 알려 주는 것이 깨달음의 소리인 것이다.

내가 뭘 안다고

사실, 나 자신은 아는 것이 없다.

아는 것이 없다고 누가 놀리면 인간적으로는 화가 날 것이나 영 속에서 사는 나는 놀림감이 아니라는 것을 알고 있다. 하지만 내가 아는 것이 없다는 말은 모르는 것이 없다는 말도 된다.

이것을 볼 때 알고 모름의 차이는 나 자신이 알고 모름이 아니라 신들이 얼마나 도움을 주느냐에 따라서 알고 모름의 성격을 그것으로 주고 있는 것이다. 그래서 난 사회학교는 모르지만 하늘의 학교는 한국에서 만큼은 나를 통해서만 할 수 있다는 것이 다행이다. 그래서 난 어떤 것을 알고 있는 것이다.

난 신들과 대화를 하고 영들과 대화를 하며 평생 살고 있다. 이것은 하늘이 준 선물이라고 생각을 한다.

세계적으로 신과 영을 이용해서 미래를 조종하는 나라가

많다. 특히 선진국일수록 영의 세계를 알아 나라발전에 힘을 기울이고 있다.

전쟁도 조용하게 한다면 얼마나 편안할까?

영적으로 전쟁을 한다면 정신으로만 하는 것이다. 무력으로 하는 것이 아니라 오직 하늘의 소리로만 하는 것이며 신들의 전쟁을 하는 것이다.

앞으로의 세상은 영들의 전쟁이 되며, 올바로 영을 아는 나라가 선진국이 될 것이다. 그래서 우리나라는 전 세계의 선진국이 된다고 생각을 하게 한다. 그 이유는 여러분도 알다시피 우리나라는 세계의 신과 세계의 영을 다루는 나라가 될 것이기에 그렇게 말을 할 수 있다.

하늘은 영적으로는 한국을 생각하고 있다. 결국 "하늘은 우리나라의 편이다"라고 할 수 있다.

난 영의 세계에 대해 좀더 공부를 해서 세계의 신과 영을 다루며 항상 살고 싶다. 분명 난 아는 것이 없다고 했지만 다 알고 있다는 말도 된다. 다만 영의 세계를 말하는 것이다.

지금 아는 분은 아시겠지만 영적으로 여러 곳에서 '웅천선원'을 하는 제자들이 있다. 이제는 어느 정도 자리를 잡은 제자들도 있고 든든하다.

영은 많은 사람이 필요한 것은 아니나 어느 정도는 있어야 그러한 세계를 알려줄 수 있다. 인간적으로 소외 받는 사람들을 구하고 싶다. 다만 영적으로 구할 것이다.

요즘 사람들은 영적으로 말라 있다. 영적으로 굶어 있다.

그것을 채워주는 곳이 많지 않다.

영적으로 채워준다고 하는 곳들이 있다고 해도 채워주지 못하고 있는 실정이다. 그것은 마음을 치유하는 곳이 없다는 말과 같다.

마음치유를 하는 곳을 전국에 있게 하고 싶다. 무엇이 모자란다고 하더라도 마음을 치유하면 모자라는 것이 보이지 않게 된다. 무엇을 아는 것처럼 보이기 때문이다.

제2장
제자를 보는 눈

"천서"

바로 알아야

하늘에서 보는 제자는 하는 일들이 하나라도 틀리면 그것은 제자라고 하지 않는다. 다시 말하면 탈락이 된다. 하늘의 제자가 되기 위해서는 우선 천신들에게 자격증을 받을 수 있는 기운이 있어야 한다.

여기서 보면 제자는 여러 가지 시험을 거치게 된다. 그 시험이란 마음을 보는 것이다. 그래서 하늘의 소리를 담는 마음이 있느냐를 알아보고 정하고 있다.

언젠가 하늘 제자라는 것에 대해 물어보았다. 그것은 "하늘의 대변자이기에 어느 직업보다 어려운 것이다"라고 했다. 그냥 흘려보내기에는 생각을 해보게 하는 대목이다.

여러분들은 어떻게 생각하는가? 아마 무슨 뜻인지 알 것이다.

난 제자를 양성하면서 이렇게 힘이 든다는 것을 알았다. 그만큼 하늘에서 말을 안 듣는 나를 이렇게 만들기 위해 얼마나 많은 시간 허비했는가를….

난 끝없는 죄인이다. 그 죄를 사하기로 마음을 먹고 지금도 제자양성과 영성공부에 취해서 산다. 술로 치면 하루에 10병 정도 먹은 것처럼 기도할 때도 머리가 멍하게 하지만 하늘은 내 스스로도 멍하게 만들고 있다.

그래서 어떤 것이든 바로 알아야 하는 것이다. 어설프게 알아서 혹세무민을 한다면 다시 한 번 하늘에 죄를 짓고 사는 것이니 나는 그것을 알고 있다. 아마 그것이 깨달음일 것이다. 조금 안다고 하는 사람들을 보면, 참되게 살아라 하고 싶다. 하늘의 제자가 되기 위해서는 그렇게 힘든 것이다.

오늘은 하늘의 소리를 듣고 살아가는 것에 대해 이야기를 들려주신다. 우선 현재 처해 있는 환경에 감사해야 한다. 그 다음은 그 환경을 바꿔야 되겠다 하는 다짐을 해야 한다. 그리고 이제부터는 지나온 관습을 바꾼다. 고정관념과 같이 그렇게 한다면 하늘의 제자 되기는 편할 것이다.

하늘의 제자가 많이 있어야 나라가 발전되고 힘이 생기는 부강한 나라가 될 것이다. 거짓 없는 나라, 자신을 알고 있는 나라.

나는 말한다. 세상이 밝아지는 것은 정치인이나 선지자가 아니라 국민 개인이라고….

제자에게,
용서는 하되 발전은 없다

하늘공부를 하다가 시험에 이기지 못하면 용서는 한다. 하지만 시험에 걸리면 꼼짝없이 당하는 것이 내가 하는 공부이다. 이제 끝나려나 하지만, 그 순간에 시험을 하는 것이 하늘이라는 것을 알아야 한다. 특히 제자들에게는 한 치라도 틀리지 않게 알려 주신다. 다만 제자들이 받지 못해 모르는 것이다.

단, 하늘은 하나라도 어긴다면 발전을 가져오게 하지 않는다. 그만큼 어려운 난관이 여기저기 있다.

무당이 되려고 해도 힘이 드는데 하늘의 선택으로 공부한다는 것은 거의 초죽음 상태에 이르러서야 어떠한 것을 알려 주고 있다. 인간으로서는 최악의 상태로 몰아간다. 우선 물질로서도 말라버리게 하며, 몸으로도 치며 병원에 가도 병명이 나오지 않아 많은 시간을 허비하게 한다.

지금도 그 시간 속에 들어가서 고생하는 사람들이 한두

사람이 아닐 것이다. 혹시 자신이 아닌지 의심을 해보아도 될 것이다.

오늘도 자신을 몰라 헤매는 사람이 너무나 많아 자신이 누구인지 궁금한 사람들이 온다. 그러나 하늘의 허락 없이는 만나지 않는다. 이것이 하늘공부를 한 사람들의 법칙이다.

영을 알고 공부하는 사람들은 마치 이방인이라는 마음을 많이 갖고 산다. 그러나 신명세계를 모르는 사람들은 정신병자 취급을 한다.

나 역시 오랫동안 그렇게 살아왔다. 이제는 그 내용을 알았기에 나랑 같은 처지에 있는 사람들에게 카운슬러를 하고 있다. 나는 참 다행하게도 그것을 안 것이다.

지금 이러한 병을 갖고 산다면 여러 가지로 되는 일도 없고 힘이 들 것이다. 정신병자 아닌 정신병자 취급을 하니 답답한 일이다. 제자들이 나를 만나러 오는데 거의 그러한 부류이다.

제자들은 영적으로 수준이 높기에 어딜 가도 허탕만 쳤다. 우선 그러한 것을 모르는 사람들이 보기에 제자들은 고생을 하고 온 것이다.

오늘도 하늘에서는 제자를 만들려고 애를 쓰고 있다. 우선 그것을 알고 제자를 한다면 하늘을 이해할 것이다.

발전이 없는 것도 변화라고 한다. 하늘은….

제자야, 시험을 부디 이겨라.

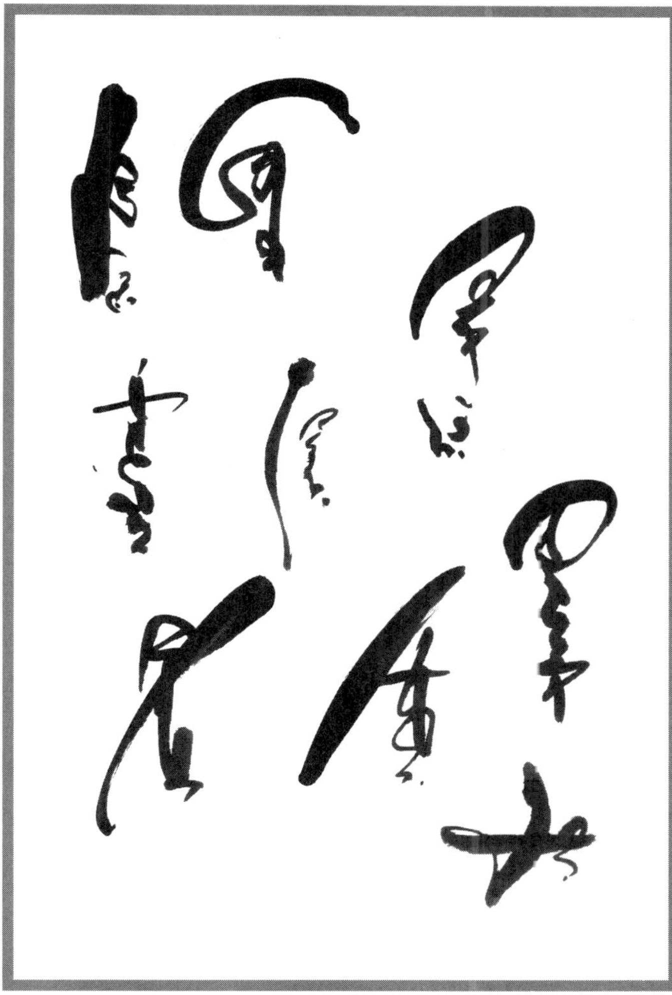

"천문"

걱정이네

언제부턴가 땅에는 신들이 난잡하게 하고 있다. 특히 요즘 세상에는 악신이 판쳐 세상을 어지럽게 하며 자살소동도 가끔 일어난다. 이것은 악신들의 반동으로 일어나는 현상이다.

그러나 인간은 그것을 모르고 살아간다. 자신도 모르게 우울증에 걸리게 되며 자신의 마음 안에서 죽어라 죽어라 하는 마음이 생기게 한다.

악신이 판을 치면 사업도 안 되며 하는 일이 힘들게 되며 새로운 이름 모를 병들이 있게 된다. 그 병은 약으로는 고치지 못하기에 사악한 신들을 보낸 후에야 건강을 찾게 된다. 지금 온 세상이 그렇게 변하고 있다.

나라의 왕이나 대통령은 천제를 가끔 지내야 한다. 아니면 조상들에게 가끔 제를 지내야 한다. 어떠한 식이든 신들을 달래줄 때 사고가 없는 것이니 이 점은 명심해야 한다.

특히 우리나라는 개국하신 국조 단군을 멀리하고 "조상이니 아니니" 하고 있다. 참으로 기가 막힐 일이다.

자신의 조상을 나 몰라라 하고 다른 나라의 귀신을 조상이라 여기니 어찌 나라가 잘되겠는가? 기가 찰 노릇이다.

이 나라는 분명 국조 단군이 만드신 나라라는 것을 알아야 한다. 난 배운 것은 없지만 단군이 이 나라를 위해 건국하신 것이라는 것은 틀림없는 사실로 알고 있다.

그러나 사람들은 역사가 아니고 만들어낸 이야기로 알고 있다. 물론 모르면 그렇게 생각할 수 도 있지만 역사를 안다는 사람들까지도 억지를 부리고 있다.

그러면 우리는 어디서 왔단 말인가? 우리 조상은 누구란 말인가? 자신의 부모를 모르고 산다면 과연 우리나라는 어디로 가고 있는 것인가? 조상이 돌보아준다는 말은 어디에서 온 것인가? 그것도 만들어낸 말이라고 하겠는가!!

진정 대한민국은 누가 지키는 것인가?

우리의 선열이 없었다면 우리도 없는 것이다.

우리의 유구한 역사가 증언을 하고 있다. 단군은 신화가 아니며 역사이다. 잘못된 사고나 의식적으로 잘못된 것이 있다면 바로잡아야 한다. 걱정이다.

걱정이야, 이 나라 이 강산….

부디 우리의 의식을 바로잡아야 한다. 난 힘이 없다. 하지만 나라의 의식을 바로잡아야 한다. 그래서 우리 한국은 다시 일어나야 한다.

민족이여, 다시 일어나자. 그래서 세계만방에 한국을 알리자.

정신세계가 바로 서야 한다. 우리나라의 정신세계는 나라를 살린다. 정신세계는 이로운 데 쓸 수 있다. 그런데 모르고 있으니 걱정이다.

살라고 한다면

자신을 죽여야 잘산다고 한다면 무슨 소리인지 모르는 사람이 대부분이다. 우선 자신을 알아야 한다. 그러므로 자신을 알고자 한다면 자신이 아닌 자신을 죽여야 사는 것이다.

우선 인간은 자신이 누구인지도 자신의 사명이 무엇인지도 모르고 있는 것이 현실이다. 자신이 누구인지를 알아야 현실을 직시하고 살아갈 수 있다.

난 나를 알아서 이런 글을 쓴다. 그것은 오직 나를 알기 위해 노력한 대가이며 하늘의 도움이 절실하게 필요했다.

우리나라가 잘살려고 한다면 정치인의 오만과 편견을 버려야 한다. 자신의 속에 있는 내면을 알고 살아야 하며 그것을 알았을 때 어느 것이든 풀어갈 수 있는 것이다.

자신을 모른다면 살아가기가 어렵다.

잘산다는 것은 무엇을 말하는 것인가?

우선 물질세계에서는 돈도 중요하다. 하지만 돈이 모든

것을 해결하지 못한다. 정신세계를 알아야 한다. 정신이 인간을 살 수 있게 만든다.

진정 잘살려고 한다면 자신의 의지를 정신으로 무장하여야 한다. 우리 민족이 가는 길은 단군 정신으로 뭉칠 때 잘 살 수 있는 것이다.

나를 돌아보니

'나는 과연 누구일까' 하며 고민한 적이 있다. '난 어디서 오고 어디로 가는 걸까' 하고 그 답을 찾기란 쉬운 것이 아니었다. 나 자신이 나를 찾기란 나를 만든 이가 알 것이다. 그럼 '나를 만든 이는 누구일까' 하는 생각을 많이 했다.

물론 여러분들도 아는 것처럼 어머니, 아버지, 그 위에 조상님들, 그 위에 하나님이다라고 다들 그렇게 생각을 하게 된다.

그렇다. 조상님들은 여러 가지로 표시를 해놓으셨지만 나를 만드신 분은 표시를 해놓지 않았다. 그래서 나의 본을 찾기란 쉬운 것이 아니다. 그래서 인간은 자신을 찾지 못하는 것이다.

나라와 민족을 위해서 산다는 것은 아무것도 아니나 그것을 지키기 위해서는 힘이 든다.

이제 나는 내가 누구인지를 알았다. 나는 이렇게 책을 쓰고 하늘의 소리를 전해 주는 사람이라는 것을….

누구나 인간은 자기가 누구라는 것쯤은 알고 살아야 한다. 다만 자신이 누구라는 것을 알았을 때는 자신을 몰랐을 때보다 여러 가지로 지킬 것이 있다.

자신을 알았다는 것은 지금 사는 것보다 더 많은 것을 지키고, 이해하고, 알고 살아야 한다. 나 역시 나를 모르고 살아왔기에 더 절실하다.

이제는 사람이 어떻게 살아가야 하는지를 알려 주며 살고 있다. 정녕 이것은 하늘의 힘이다. 나는 아는 것이 없다. 그저 하늘에서 내리신 말로 살아갈 뿐이다.

난 알다시피 어릴 적부터 세상을 알지 못하고 등지고 살았던 사람이다. 이제는 세상을 안고 살아간다. 아니 그렇게 살고 싶은 사람 중에 한 사람이다.

나의 능력은 아무것도 아니다. 하지만 사람들이 나를 필요로 한다면 언제나 동참을 하고 싶은 마음이 있는 사람이다. 다만 나를 이상한 사람으로만 보지 않는다면 말이다.

난 우리 민족이 잘사는 것을 원한다. 소외되지 않는 사람이 없었으면 한다. 내가 하는 일이 사회에 손해를 끼치지 않는다면 영적으로 영원히 하고 싶은 일이다.

누차 말을 했지만 난 목사도, 스님도, 역시 법사도 아니다. 나도 모르게 하늘을 알게 된 것이다. 물론 아는 것은 없지만 하늘과 우주를 통해서는 모르는 것이 없다.

누가 알까? 나를 몰라줘도 좋다. 다만 하늘에서는 알고 있다. 하늘은 우리 민족이 가야할 길을 제시하고 있다. 난 그것을 알뿐이다. 난 그런 사람이다.

나를 돌아보니 잘한 것이 없다. 이제라도 다시 돌아볼 때가 있을 때 후회 없는 삶을 살고 싶다.

상한 마음이

세상을 살다보면 중요한 것은 상한 마음이 있을 때 어떻게 대처하느냐에 따라서 살아가는데 여러 가지로 틀리게 된다. 흔히 어머니 같은 마음으로 대처를 해야 할 것이다. 그러나 쉬운 것은 아닐 것이다.

요즘 어머니들은 여러 가지로 답답해 하고 계신다. 우선 자식이 혹시 잘못될까봐 노심초사하신다.

특히 외국으로 유학을 보내놓고 청소부로 또한 파출부로, 식당에서 설거지로 마련한 돈을 자식을 위해 유학간 곳으로 부쳐 주신다. 그러나 자식들은 이 마음을 알아주지 못한다.

현 시대가 이렇게 바뀌고 있는 것이다.

그 자식이 외국에서 공부를 잘해서 효도한다면 다행이나 그렇지 못한 학생들이 많기에 걱정을 한다. 얼마나 어머니들은 속이 상하겠는가?

얼마 전에는 어떤 어머니가 자식 유학비용 때문에 자살

을 한 경우가 있었다. 어머니는 무엇을 위해 고생을 하는 것일까?

하늘은 어머니이다. 어머니 같은 마음은 하늘이다. 항상 하늘은 우리를 용서해 주신다. 하늘은 그 마음이 얼마나 상해 있을까 생각해 보라. 인간은 그 마음을 헤아리지 못하고 있는 실정이다.

대한민국을 보고 하늘은 답답해 하신다. 남의 마음을 이해하는 나라가 진정한 잘사는 나라일 것이다.

여러분들이 상대방을 이해하는 마음이 없었다면 반성을 하자. 마음속에 이상한 마음을 훌훌 털어버리자.

"천문"

새로운 신도시

나에겐 새로운 세계가 매일 펼쳐지고 있다. 그 세계는 인간세계가 아닌 영적세계를 말하고 있는 것이다.

요즘 땅에서도 신도시가 많이 생기는데 어쩌면 하늘에서 하는 것처럼 하고 있다.

참 이상하다. 하늘에서 하는 것을 인간은 아무것도 모르지만 하고 있는 실정이다. 그 무엇이 통해서 일어나는 현상이다. 결국 인간은 자기도 모르게 하늘을 감지하고 사는 것이다.

그러나 인간이 생각하기에는 인간들이 알아서 하는지 알지만 결국 인간은 하늘에서 하는 일을 저절로 알 때가 있다. 다만 미래를 모를 뿐이다.

나도 이렇게 영적으로 몰랐을 때는 정말 아무것도 몰랐다. 나 자신의 일은 사실 아무것도 모른다. 다만 그때그때 알려줄 때만 아는 것이다. 그것이 하늘의 소리를 듣는 것이다.

영적공부를 했다고 한다 해도 모르는 것이 더 많다. 자신의 신도시는 자신의 마음속에 만들어야 한다. 내 자신의 신도시는 처음 생길 때는 몰랐다. 이제는 나의 몸에 신도시가 생겼다는 것을 알게 됐다.

나의 신도시는 신명으로 구성이 됐다. 그중 제일 높으신 분은 우리가 알고 있는 국조 단군이다. 그 밑에는 산신도, 용왕도, 그리고 지신도, 그 외 여러 신들이 구성되어 있다. 인간의 몸에도 신도시가 잘되어 있어야 잘 살아갈 수 있는 것이다.

어린아이가 태어나서 신도시를 만드는 시간은 최하 16년에서 17년 걸린다.

우선 하늘의 기운으로 신도시를 만들어야 한다. 그러나 인간은 물질로서 이득이 있다면 신도시를 만들어가는 데 그것과 하늘의 기운으로 만드는 과정이 틀리는 것이다.

이제 신도시는 하늘이 원하는 대로 만들어가야 한다.

천한 내가

미천한 내가 이러한 책을 몇 권이나 낼 수 있도록 도움을 준 하늘은 이 생명 다하도록 잊을 수 없다.

내 자신은 내세울 게 없는 사람이다.

오늘도 많은 분들이 나를 보러 찾아오지만 그것은 잘못된 것이다. 나를 보러 온다는 생각을 갖지 말고 하늘의 소리를 듣고 싶어 왔다고 해야 한다.

그 이유는 내면의 작용으로 인해 이루어지는 현상이라고 느껴야 하며 내면이 활동을 해서 이루어지는 것이 바로 이루어지는 것이라고 알아야 한다.

난 이렇게 말하고 싶다.

사람이 "천하다"라는 것은 무식하고 상스러운 것은 아니다. 자신을 모르고 살아가는 것이 천한 것이다. 그래서 사람은 내면을 살릴 때 천한 것을 면하게 된다.

나도 천하게 살아온 것이다. 그러나 이제는 천한 생각은 나와 멀어진 말이다.

누구나 자신을 알아야 한다. 그것이 자신을 만드는 것이다. 자신의 내면은 내면을 알아주기를 원하고 있다.

지금도 자신을 찾기 위해 마음공부를 하거나 기도를 하는 분들이 많다. 지금 책을 읽는 분들도 자신을 찾으려고 노력하지만 자신을 찾는 것이 무엇인지 모르기에 답답할 것이다.

우선 자신을 찾기 위해서는 머리로 하는 것이 아니라 마음으로 한다는 이치부터 알아야 한다. 그러나 지금 많은 사람들이 자신을 찾으려고 하지만 자신을 찾기란 너무나 어려운 과정이 있다고 생각할 것이다.

우선 자신을 알려면 신을 우선 알아야 한다. 신을 부정한다면 자신을 찾을 수 없다.

자신을 찾기 위해서는 첫째로 내면과의 대화를 하기 위해 자신 이외에 정말 자신이 있다는 것을 알아야 한다. 다만 모르는 사람들은 부정을 하는데 그래서 자신을 찾을 수 없는 것이다.

제자들을 가르치며

참으로 인간으로서는 할 수 없는 일들이 하루에도 수만 가지가 바뀌고 있는 것을 알 수 있다.

우선 제자들은 굿도 하고 절에서 천도제를 했던 사람들이 대부분이다. 우선 그렇게 경험을 해야 제자가 될 수 있다. 그래도 어려운 경험이 있기에 그것을 알고 제자의 길을 걸어가야 한다. 우선 도를 닦는다라는 생각조차 잊어야 도를 닦는 신명들이 도움을 준다.

제자들을 가르치며 난 무한한 하늘의 소리를 전해 주고 또 배우기도 한다. 맨 처음에 말문을 트기 위한 작업부터 하는데 그것은 자신의 내면에 있는 어떠한 기운을 꺼내는 일이다. 그래야 자신이 어떠한 사람이라는 것을 알게 된다. 다시 말하면 천어가 들어있는지 확인을 하는 것이다.

다음은 천서를 쓰는 것이다. 자신도 모르게 배운 것도 아닌데 저절로 나오기에 처음에는 놀라기도 하고 당황하기도

한다. 하지만 하루만 지나면 '이것도 아무것도 아니구나' 하고 생각하게 되는데 하늘 제자는 그 무엇을 공부하는 것보다 어려움이 많이 닥치게 된다.

하지만 이런 여러 가지 시험을 거쳐야 된다. 굳이 말한다면 인간으로서는 참기 힘든 일도 있을 것이며, 정말 어렵다는 것을 이겨가는 것이다. 물론 자신과의 싸움이지만 사실 견디기 너무 어려운 과정이 많다.

내가 걸어온 길을 생각해도 너무 그렇다. 하지만 어느 정도 공부를 한 뒤에는 너무도 쉬운 공부로 변하게 된다. 자신이 노력을 하지 않아도 내면에서 알려 주는 것이다.

결국 자신을 찾게 하는 공부이며 자신을 찾은 뒤 시작하는 공부이다. 자신을 찾지 못하고도 공부를 한다고 생각하는 사람이 있는데 매우 잘못된 것이다.

하늘의 소리는 쉽게 알려 주지 않는다. 또한 알려 주다가도 막히는 경우가 허다하다. 그 이유는 자신이 내면에게 소홀히 했기 때문이다. 그러나 자신이 소홀히 했는지 안 했는지도 모르게 한다.

그리고 제자에게 어려움을 주게 되는 것이다. 이때를 잘 넘겨야 올바른 제자가 되는데 그렇지 않는다면 지금까지 해온 것을 제대로 하지 못하기에 후회하는 일이 생기게 된다.

우선 우주의 기운을 받아야 운용을 하기에 지금 세상에 있는 기운을 받으러 바다나 산으로 기도를 간다.

제자는 기도가 생명이다. 기도를 등한시한다면, 제자의

길로 가기가 어렵다. 그래서 항상 자만을 가지거나 교만을 가지게 하지 않는다. 그것까지도 조종을 한다.

어느 정도 지나면 자신의 몸속에 교관이 들어와 공부를 가르치게 되는데 이때가 되면 자신도 모르게 상당한 경지에 오르게 되며 참으로 재미가 슬슬 붙기 시작한다.

'정말 세상에 없는 희한한 공부구나' 하고 자신도 놀라는 공부이다. 다만 이러한 경지까지 올라오기가 힘들다. 이러한 수준의 공부가 됐다면 오히려 하늘에서는 놓지 않고 관리를 하게 되는 것이다.

하늘공부를 해야 할 사람이 만약 하지 않는다면 여러 가지로 고통을 주는데 우선 물질로서 고통을 주고, 다음은 건강으로 고통을 주며, 가족이 잘되는 일이 없으며, 가족끼리 서로 우애가 없어지며, 그 외 여러 가지로 고통을 준다.

이때 잘 모르는 사람들은 무당을 찾아가게 되는데 결국 소용이 없다는 것을 알게 한다. 뒤늦게 가진 것 없고 몸이 망가진 뒤에 알게 한다.

이게 제자들의 숙명이다. 이제라도 늦지 않다. 자기가 평범한 사람이 아니라는 것을 알았을 때는 자신의 길이 어떤 길인지를 바로 알아야 한다.

몇 권의 책을 통해 누누이 글을 쓰고 있지만 아직도 자신의 길을 몰라 헤매는 사람들이 너무나 많은 세상이다. 신과 영의 세계를 안다면 쉽게 풀어갈 일도 긁어 부스럼 만드는 일이 허다하다.

만약 그런 기운이 있는 사람이 집에 있다면 당사자는 자신의 말을 이해하지 못하기에 집에 있거나 자신을 믿어주지 않기에 항상 우울하고 고민을 하게 된다.

부디 영의 세계가 있다는 것을 알고 산다면 편하게 살 수 있게 될 것이다.

단군사상

『삼국유사』에서 단군에 대한 표기가 '단군(壇君)'으로, 『제왕운기』와 『세종실록지리지』에서는 '단군(檀君)'으로 기록되어 있다. '단(壇)'은 제주의 의미로서 쓰인 것으로 추측된다. 그래서 당연히 '단(檀)'으로 사용함이 건국이념이나 국호로 보아 개조(開祖)에 대한 바른 쓰임이라 본다.

'단(檀)'은 박달나무, '밝다'의 어의로, 광명을 숭상하는 우리 민족의 근간 정신이고 상징이 되는 글자이다. 배달민족의 어원 역시 '단(檀)'에서 비롯되는 것임에 굳이 우리 민족의 국목(國木)을 정한다면 박달나무로 해야 한다는 것이 나의 바람이다.

일제강점기에서 정사(正史)를 다룬 최고의 역사서인 『삼국사기』에 단군신화에 대한 기록이 없다고 개국신화를 말살당하는 수모까지 당했으니, 작금에 이르러 어찌 민족적 자각이 필요하지 않겠는가.

아사달의 '아사'는 '아침'이며, '달'은 양달·음달·비탈의 용례로 보듯이 '땅'의 한역이므로, '해 뜨는 아침 나라'로 '조선'과 동의어임을 알 수 있다.

우리 민족은 역사상 나라가 어려움에 처할 때마다 단군을 정신적 지주를 삼고 외세에 대처해 나라를 지켜왔다.

삼국유사에서 일연(一然)이 처음 기록화한 것도 혼탁한 고려 말의 풍조 속에서 민족의 정통성과 구심점을 찾고자 함에 목적을 두었으며, 세종 역시 민족의식의 고취가 필요함을 느껴 왕명으로 평양에 단군사(檀君祠)를 두게 하였다.

일제강점기의 독립운동, 특히 만주의 독립군들에겐 단군 신앙이 절대적 힘이다.

현재에 이르러 전국체전 때에 마니산 참성단에서 성화를 점화시키는 것도 단군을 민족주체사상의 뿌리로 삼자는 데 뿌리를 둔 것이다.

일제가 우리 민족에게까지 신사참배를 과거에 강요했다는 것을 알아야 한다.

이제 우리가 국조 단군을 섬긴다는 것은 종교를 초월해 국민의 도리이다. 우리의 고유 의식을 발굴하고 민족 종교의 정통성과 순수성을 유지하기 위해서라도 단군 숭앙을 민족 화합과 단결을 위한 뿌리찾기운동으로 펼쳐나가야 할 때이다.

이러한 가운데 대종교·한얼교·단군정신 선양회·현정회 등 여러 종교와 단체가 활동하고 있다. 또한 각 지방에

무속적인 측면에서까지 단군을 봉공하고 있으나 단군을 숭모하는 여러 단체들이 봉안하고 있는 단군 영정마저 통일되지 못하고 있음은 적이 안타까운 일이다.

구월산(九月山)에는 예부터 환인 · 환웅 · 단군을 섬기는 삼성당(三聖堂)이 있어 왔다. 그러나 남한 땅에 위치한 단군 성지로는 강화도 마니산의 참성단과 태백산의 천제단 두 곳 뿐이다.

난 지금도 우리의 역사가 바로 서길 기원하는 기도를 하러 강화 마니산 참성단에 제자들과 간다.

"천문"

통일은 국조 단군으로부터

우리가 잘사는 길은 우선 남북이 통일이 되어야 한다. 대신 통일은 다른 나라가 해주는 것은 아니다. 민족의 구심점을 바로 세워서 행할 때 이루어지는 것이다. 난 이렇게 생각한다.

나는 기도를 하는 사람으로 잘난 것은 없으나 누구나 그렇듯이 나라를 걱정하는 사람 중에 한 사람이다.

누구나 나라를 위해 기도를 해야 한다. 어느 종교를 초월해서 말이다.

나와 다른 종교를 가졌다고 미워하지 말고 서로 이해하고 같은 길을 가고 있다는 생각을 갖고 살아야 할 것이다. 이북은 벌써 단군능을 멋지게 만들어 놓았다고 하지 않던가?

남한은 아직도 단군을 신화로만 생각하는 사람이 있다. 교과서에도 단군에 대한 어떠한 이야기도 써 있지 않다. 그것은 단군에 대해 너무 모르고 있거나 종교를 갖고 있는 평계이다. 이제 바로 정신을 찾아야 할 때이다.

정신을 차려야 우리 민족이 잘살 수 있다.

나는 그것을 원한다.

단군을 모시며 기도하는 사람을 바로 보지 않는 나라.

대통령이 개천절날 의식에 참석을 하지 않는 나라.

단군을 모시며 사는 사람들을 다른 눈으로 보는 나라.

모두 바로 보는 눈을 가져야 한다. 다른 것은 몰라도 단군은 종교가 아니라 역사의 인물이라는 것을 알고 살아야 한다.

우리가 잘사는 것도 조상을 잘 모시기 때문이다. 조상의 묘가 왜 있는가. 그것은 하늘에 효를 하기 위해서이다. 나에게도 조상, 너에게도 조상, 우리는 조상의 힘을 빌리고 살고 있다.

우리들의 조상에게 통일을 기원해 보자. 우리 민족이 힘을 합쳐 기도한다면 하늘에서 감동을 해서 통일을 만들어줄 것이다.

제3장
열린 글

“천서”

본심본태양

"울려고 내가 왔던가? 웃으려고 왔던가? 비린내 나는 부둣가에"라는 노래가 있듯이 인간의 삶을 이야기한 것이다.

그렇다. '본심본태양'에 '본'이라는 것은 인간의 태어남과 죽음을 이야기하는 것이다. '심'이라는 것은 말 그대로 마음을 이야기하는 것이며, 다음 '본'은 처음 본과 심을 이야기하는 것이며, '태'는 하늘의 율법을 이야기 하는 것이다. '양'은 시작을 말하는 것이다.

결국 '본심본태양'이란 인간의 기본을 말하는 것이며 자신이 태양이 될 때 살아가는 맛과 멋을 알고 사는 것이며, 결국 인생은 맛과 멋을 아는 것이다. 그러면 인간이 맛과 멋을 알기 위해서는 어떻게 살아가야 하는지를 알아가는 것이다.

우선 자신을 낳게 해주신 부모님에게 감사하고 효도하며 살아야 할 것이다. 다음은 혼자 사는 것이 아니라는 것을 알고 살아야 할 것이다. 사회는 서로 도와가면서 더불어 사는 것이라는 것을 알고 살아야 한다.

일종무종일

하늘의 말을 알고 산다는 것은 인간이 원하는 것을 알게 하는 것이다.

하늘의 말을 모르고 산다는 것은 인간이 할 수 있는 것을 모르는 것이다.

그러므로 인간이 하늘의 말과 글을 안다는 것은 영안을 쉽게 열게 할 수 있는 것이다.

결국 인간은 혜안이 열리기를 기원하고 사는 것이며 '일종무종일'을 기원하며 살아가는 것이다.

인간이 기도를 한다는 것은 자신의 머리를 바로 만들기 위함이며 자신도 모르게 기도는 자신의 뇌를 바로 만들어 놓는다.

석삼극무

인간의 꼬리는 진화로 인하여 없어지고, 보이진 않아도 인간의 꼬리는 항상 달고 다니는 것이며, 하늘로 받은 기운을 바로 쓰는 법을 알아가는 것이다.

하늘의 세계와 땅의 세계와 인간의 세계를 서로 이어갈 때 그 모든 것이 제대로 돌아가는 것이며, 인간이 생각하는 것을 하늘이 도와서 이루어질 때 형성이 되는 것이며, 하늘과 땅의 조화로 이루어지는 것이다. 그러므로 이 세 가지는 우주의 변화를 가져오는데 있어 가장 필요한 것이며 세 가지 중에 한 가지라도 도움이 없다면 우주의 조화를 부릴 수 없다.

결국 천 · 지 · 인은 우주를 나눠놓은 것이다.

지일이인

땅에서 이루어진 것같이 하늘에서도 이루어진다는 말이다. 땅에서 이루어져야 인간도 하늘의 힘을 알고 사는 것이며, 땅에서 이루어지지 않는 것은 하늘에서도 이루어지기 힘든 것이기에 하늘의 소리를 들어야 인간이 바로 되는 것이다.

중천지일

하늘과 땅의 사이를 중요시하고 살아야 인간이 제대로 사는 것이다.

중천은 인간이 마지막으로 심판을 받는 곳으르 인간이 살아가며 지은 죄를 용서하는 곳이다. 이곳에서 자신의 죄를 모두 탕감하거나 멸할 때 인간은 드디어 하늘로 올라가는 것이며 천신이 되는 것이다.

중천은 천신이 되기 위한 징검다리며, 재판을 받아야 하는 곳이다. 그러므로 인간은 살아 있을 때나 죽어서도 재판을 받는다.

만약, 중천에서 하늘로 올라가지 못하고 허공을 돌아다닌다면 자식들에게 좋지 않은 일이 생긴다. 그래서 천도제를 지내야 한다. 조상님들의 죄를 용서하고 비는 것이다.

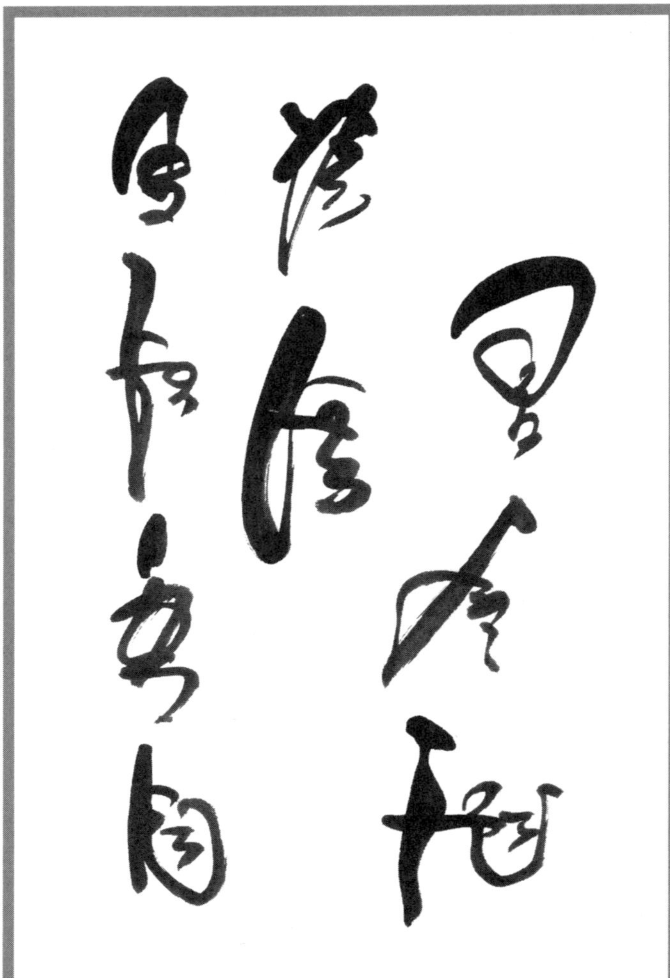

"천문"

십거무궤화

인간이 살아가는 것은 죄를 벗어가며 사는 것이며 그 무거운 짐을 지고 살아가는 것인데 아무리 큰 죄를 지었다 해도 하늘은 용서를 한다.

대신 용서를 빌지 않고 반성조차 하지 않으면 수만 가지의 벌로 대신하며, 인간이 조금이라도 힘을 갖고 살려 한다면 하늘의 소리를 바로 알아 사는 것을 알려 주는 것이다.

우주와 하늘의 소리합병

난 우주의 기운을 누가 알려 주지 않았지만 영적으로 하늘의 세계를 갔다 온 후로 영안이 열려 지금하고 있는 영과 신과 기의 세계에 대하여 깨달았다.

가능한 일이다.

모든 영들이 알아서 해준다.

적어도 3년 이상 기도를 한다면 누구나 가능한 일이나, 자신이 어떤 것을 알려고 한다면 이루어지지 않는다. 저절로 천신들이 알아서 하게 해야 한다.

깨달으려고 한다면 시간만 허비한다.

우선 하늘의 선택이 중요하다.

난 아는 것은 없지만 이러한 것을 알았다.

성통공완

영과 신과 기를 통해 아는 것이 성통공완이다.

성통하기 위해선 우선 자신의 기운을 알고 영성으로 열릴 때 공완이 이루어진다.

누구나 성통공완한다면 세상은 밝아질 것이다.

스스로 정신이 맑을 때 할 수 있는 것이며 모든 신명들이 힘을 모아줄 때 이루어진다.

하나의 신명이라도 도움을 주지 않는다면 이루어지지 않는다. 그러므로 항상 신명에게 잘해야 한다.

道

도! 우리가 흔히 말하지만 알지 못하고 도에 어긋나는 경우의 행동을 하게 되는데 내면을 읽고 이해하는데서 알 수 있다.

하늘문이 열리고 마음이 항상 가까워야 그 실체를 알게 된다.

마음속에 있는 길을 찾아가는 길이며, 눈으로 보고 판단하는 것이 아니기에 도를 구하거나 찾기란 어려운 것이다.

이에 저자는 내면을 알아 도를 알았고 찾은 것이다.

도란? 마음속에 길을 찾고 만들고 하는 것을 말한다.

신선

인간이 인간다울 때 편해지며 인간의 도리를 알았을 때 신선이라 하며, 이는 자신의 마음이 없어지고 자연의 마음이 살아있을 때를 말하는 것이다.

그렇게 하기 위해서는 자신의 정신을 잊어버리고 마음에 다 맡긴다면 이루어지는 것으로 이때 모든 자연의 섭리를 알게 되며, 자연과 친구가 될 때 이룰 수 있는 것이다.

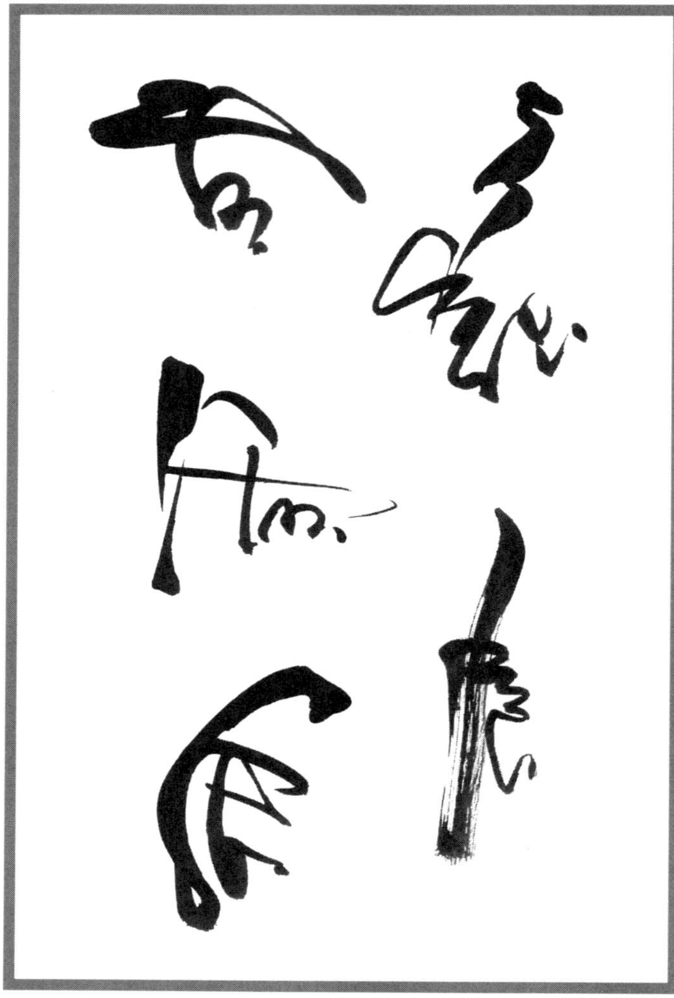

"천문"

편한 마음을 먹자

우선 하늘의 소리를 듣고 싶다면 성급하게 생각하지 않아야 한다. 욕심이나 다른 생각을 갖는다면 할 수 없는 일이며 하늘에서 내려주는 대로 기다리는 것이다.

물론 인간으로 참지 못할 일들이 일어나는데 인내로서 견디어 가야 한다. 만약 이러한 마음이 없다면 하늘은 기회를 빼앗아간다. 그러므로 편한 마음을 먹는 것이 중요하다.

영과 대화는 어떻게 하나?

진지하게 마음을 차분히 하며 자신의 몸속에 숨은 신이 얼마나 있는지를 알아야 한다. 내면에 있는 영들을 이해하고 나서야 대화를 할 수 있는데 우선 영들의 기분을 살리고 나야 대화가 가능하다.

천신들이 하라는 대로 해야 함은 물론이나 이러한 것을 알아야 대화의 시작을 할 수 있다.

대화하기 위한 기본조건이 있다. 그 내용은 다음과 같다.

1. 우선 하늘에게 어느 정도 기대야 한다.

2. 자신은 아는 것이 없다고 고한다.

3. 내면을 하늘에서 조종한다는 것을 알아야 한다.

4. 자신의 생각을 버려야 하는데 하늘에서 버리게끔 해주었을 때

가능한 것을 알아야 한다.

5. 자신의 잘못을 알았을 때 대화가 가능하다.

6. 천신들이 교관이라는 것을 알았을 때 가능하다.

그 외 많은 것들이 있으나 우선 이 정도가 기본이다.

영은 시간관념이 필요없다

기도를 해본 사람은 알 것이지만 영과 신들은 시간을 초월한다는 것을 알게 된다. 수천 년, 수만 년을 오가는 것을 알았을 것이다. 그래서 오래된 신명들을 부를 수 있고 보낼 수도 있고 여러 가지 일들을 시간과 관계없이 할 수 있다.

시간과 공간을 초월하지 않고서는 영의 세계를 접하지 못한다는 것쯤은 알아야 한다.

명상의 세계

우선 명상이라는 것을 알아야 한다.

명상은 신들이 도움을 줄 때 일어난다.

단, 자신이 헤쳐갈 수 있을 만큼 되어 있을 때 명상을 할 수 있는 것이며, 명상은 인간의 머리로 하는 것이 아니라 내면의 여행이다.

참선의 세계

순서가 있다면 명상 뒤에 참선이 있으며 신을 다룰 줄 알아야 영의 세계에 입문한다는 것을 알게 한다. 명상과 참선의 의미는 명상은 모두 신들의 여행이며 참선은 인간과 신들의 합작품으로 이루어지는 것이다.

'道'의 끝은 참선만으로도 알 수가 있을 때 어느 경지에 접하는 것이다. 그래야 하늘과 같이 되는 것이다.

제4장

공간사랑

“천서”

충성

인간이 하늘을 머리에 이고 우주를 알아 자신보다 못한 사람들을 사랑하고 아끼는 마음이 있을 때 인간의 삶을 이해하게 된다.

내가 아는 것을 하늘을 통해 전수할 때 일어나는 기쁨을 충성이라고 할 수 있듯이 인간의 충성은 가식이 없어야 이루어진다.

나 부자야

난 인간적인 부자는 아니지만, 영적으로 부자이다. 그 이유는 내가 신들을 부르면 언제라도 달려오기 때문이다.

내가 부자란 것을 알았을 때는 나의 기운을 나눠주고 같이 더불어 살고 있다. 나처럼 부자가 되고 싶다면 자신의 내면에 갈구해야 한다. 인간적인 부자보다 영적인 부자가 좋다는 것을 알아야 한다.

여기까지 올 때 나는 힘은 들지 않았다. 하늘에서 알려 주기에 힘이 들지 않았던 것이다. 다시 말해, 여러분들도 하늘에서 말을 해주는 사람이 되어야 한다.

부자가 되기 위해서는 신을 알아야 한다. 사람이 부자를 만들어 주는 것이 아니라 신들이 한다는 것을 알아야 한다.

환수

세상을 살아가며 세상에 나 자신이 무엇을 남기거나 줄 것을 생각한 적이 있는가?

세상을 산 것에 대한 보답을 인간은 생각하며 살아야 한다. 또한 남을 도와주려는 마음이 생겨야 한다.

아직도 남들을 위해 봉사한 적이 없다면 이제부터라도 봉사한다면 이 사회는 밝아질 것이다.

주위에 나보다 어려운 사람이 있다면 내 책임이라고 생각하며 살아야 한다.

인간은 자신을 만들었던 그 주인의 말을 잘 들어야 한다.

환수는 우리가 세금을 내고 살듯이 하늘에도 세금을 내고 살아야 하는 것을 알아야 한다.

횡재

난 하늘의 기운을 너무 많이 받아 횡재를 한 사람 중에 한 사람이다. 그러나 말로는 표현하기 어렵기에 이렇게 책이라도 써서 전하고 싶다.

오늘도 하늘에서는 나에게 많은 것을 내려주신다. 지식은 없지만 영적으로 내려주시기에 영으로 내려 받는다.

사회에서는 복권에 당첨되면 횡재했다고 한다. 인간이 사는 세계는 영의 세계의 횡재와 이렇게 다른 것이다.

여러분들은 어떤 횡재를 원하고 있는가?

영의 세계에 대한 횡재를 하기 위해서는 우선 하늘에 맡기고 해야 한다는 것을 명심해라. 그리고 맡긴다는 것에 보장성을 느껴라.

이 책을 읽는 사람에게는 횡재하기를 기원한다.

상장

난 학교를 다니면서 상장을 받은 적은 없지만 하늘에서는 상장을 너무 많이 주셨다. 흔히 인간이 인쇄를 해서 주는 상장이 아니라 가슴속에 새겨준다.

인간은 학교에서 주는 상장만을 생각하지만 더 중요한 상장은 하늘에서 자신의 신명에게 주는 상장이다. 결과를 본다면 난 장학생으로 공부를 한 것과 같다.

여러분들도 신의 길을 간다면 이왕이면 장학생으로 가야 할 것이다. 대신 하늘의 상장을 받기는 쉬운 것은 아니지만 인간으로 받는 것이 아니기에 언제 상장을 주셨는지조차 모르고 사는 것이 문제일 것이다.

어떤 상이든 사람은 상 받는 것을 싫어하는 사람은 없을 것이다. 지금 생각해보면 자신의 몸에 있는 신들이 하늘의 상을 받은 만큼 행복하게 살아가는 것이다.

가정에서도 한 달에 한 번쯤 부부끼리나 자식에게 서로 상장을 주고받는다면 얼마나 좋을까!

"천문"

태극기 그리고 일장기

외국에 나가거나 기도를 하는 사람들은 태극기에서 뭉클함을 느꼈을 것이다. 또한 일장기에 대하여 좋은 감정은 없을 것이다.

태극기는 하늘과 땅과 동서남북의 조화를 담아서 만든 것이다. 일장기는 항상 뜨거운 가슴을 가지라는 뜻이다.

나라의 국기마다 그 나름대로 기운을 표현해 주고 있다.

국경일만 태극기에 인사하지 말고 항상 인사하는 마음을 갖고 살아야 한다. 나 역시 태극기의 중요함을 모르고 살아왔다. 하늘의 소리를 듣고부터는 태극기의 소중함을 알았다.

태극기는 대한민국을 상징하는 국기로 자긍심을 갖고 살아야 한다. 어릴 때부터 이러한 공부를 가르친다면 한국인으로의 자존심을 더 많이 갖고 살 것이다.

태극기는 나라의 흥망과 인간의 생로병사를 말하고 있다. 태극기의 오른쪽은 인간의 좌뇌를 말하고 왼쪽은 우뇌를 말하는 것이기에 우리는 태극기의 왼쪽을 많이 바라보고 살아야 한다.

마음의 터

우리가 살아가는 공간이 터요, 우리가 잠시 있다가 떠나는 곳이 터이다.

과연 자신의 터를 잘 가꾸고 사는지 점검해 보라.

크게 보면 터는 우리라는 뜻이다. 다시 말하면 공간이라는 것이다.

우리는 우리의 터를 성장하게 하고 있는지 알아야 한다. 자신의 마음에 있는 터를 성장시켜야 발전이 있는 것이다.

마음에 있는 터는 더 없이 넓은 것이다. 마음의 터를 넓히는데 중점을 두고 살아야 한다.

우리가 농사를 짓듯이 마음속에도 농사를 짓는 것이다. 마음의 농사를 잘못 짓는다면 한상 불편하며 추수할 것이 없게 되는 것이다. 이제라도 마음의 터에 추수를 위해 살아가자.

깨달음의 세계는

너무 오묘한 것이기에 어떻게 내 글이 글로 이해가 될지 궁금하기도 하며 이 글을 쓴다.

언제부터인지 난 여러분도 알다시피 『도반』 책을 쓰고 있었다. 무엇인지도 모르면서 그냥 하늘에서 내려주는 대로 써 가는 것이다.

어떻게 아무것도 모르는 내가 이렇게 글을 쓰고 있을까 하고 생각을 해본 적이 몇 번 있다. 그래서 난 나 스스로를 의심도 했었다. 하지만 결과는 하늘에서 깨달음 속에 일어나는 현상이라는 것을 알게 되었다. 물론 이렇게 되기까지는 많은 것들 속에서 시행착오를 가졌었다.

'스님들이 기도하고, 참선하고, 공부를 많이 하는데 왜 깨닫지 못하나' 하고 생각도 했었다. 얼마 전부터 그 이유를 안 것이다.

다른 게 아니라 남들이 공부한 것을 가지고 공부한다는

것은 절대로 깨닫지 못한다는 답을 찾은 것이다. 스스로 하늘에서 내려주는 대로 생활한다면 이룰 수 있는 것을 모르기 때문이라는 것을 안 것이다.

이제 이런 말을 해주고 싶다.

『도반 2, 3편』에도 말했지만, 우선 하늘에 맡기고, 하늘에서 선택하기를 기다리며, 하늘의 소리를 들어라. 그리하면 자신도 모르게 깨달음의 순간을 알게 된다. 만약 잘못한다면 깨달을 수 없다는 것을 알아라.

제5장

우주관으로 본 신명의 세계

“천서”

견성

인간은 자신을 알고 나면 '모든 것이 내 손에 있다'라는 생각을 하게 된다. 그렇다. 사람은 견성을 위해 모든 것을 바친다면 견성의 세계에 들어가게 된다.

인간이 견성의 세계를 경험하지 못했기에 글로나 귀로 듣거나 하는 것으로 견성의 세계를 알게 되는데 그렇게 하는 것은 견성의 세계를 이해하는 데 많은 체험이 필요하다. 잘못하면 견성이라는 것을 왜곡되게 하며 살게 되는 것이다. 그래서 견성의 뜻도 알지 못하여 세상을 잘못 살게 된다.

견성이라는 것은 인간의 힘으로는 터득할 수 없는 경지를 말하는 것이며 그냥 쳐다보고 있을 뿐이다. 다만 하늘의 명령으로 이루어질 수 있는 것이다. 흔히 인간은 깨달음을 통해 견성을 하려 하는데 생각만 가지고는 이루어질 수 없다는 것을 알아야 한다.

이제 여러분들은 견성의 세계라는 것에 깊은 의미를 알아야 할 것이다.

부처님, 나의 부처님

"오냐오냐" 하며 하늘은 이렇게 말한다. 그것은 하늘을 알고 난 것이다. 그래, 변함이 없이 하늘의 순리를 알고 우주의 기운을 얻은 것이다.

우리는 이것을 알고 절을 가는 것일까? 아닐 것이다. 인간은 무조건 종교라는 것만으로 다니는 것이다. 우선 나 자신이 무엇을 아는 것보다 내면이 알아야 하는 것을 알아야 하는 것이다.

난 항상 종교를 싫어하지는 않고 살았다. 지금도 마찬가지이다. 하지만 종교를 잘못 알고 사는 사람을 보면 알려 주고 싶은 마음이다.

부처는 인간에게 무엇을 가르치고 있는 것일까? 그렇다. 부처는 "하늘을 알고 살아라" 하는 마음을 주는 것이다. 다행히 그러한 마음을 알고 인간이 산다면 흡족할 것이다.

부디 부처를 보고 절에 간다면 하늘의 원리가 무엇인지를 알아야 한다. 하지만 스님을 보고 간다면 오히려 절을 안 가는 것이 좋을 것이다.

오늘도 부처는 인간이 "하늘을 알고 살아라"라는 메시지를 보내고 있다.

맹자의 사랑

습관은 쉽게 바꾸기 힘들 듯이 자신의 내면에 있는 것들을 모르기에 사람들은 힘들어한다.

맹자의 어머니는 맹자의 내면을 위하여 기운이 다른 곳으로 이사를 다니기도 했다. 그렇다. 인간이 가끔 이사를 가는 것도 자신의 기운을 찾기 위해 가는데 어느 시간에 가면 자신과 맞는 기운을 찾을 때가 있다.

맹자 어머니는 맹자에게 그 기운을 가르쳐 주신 것이다. 마찬가지로 우리가 하는 영적인 공부도 맹자의 어머니처럼 내면에서 알려 주었을 때 길이 열리는 것이다.

나도 한때 하늘의 기운을 몰랐는데 내면의 역할이 컸다. 이제 생각해 보면 리더의 가르침이 얼마나 중요한가를 알았다. 배울 때보다 가르침을 줄 때가 더 힘이 든다는 것을 알았고, 이제사 배울 때 정신을 차려야 한다는 것을 알았다.

나의 것은 없다

난 항상 '내 것은 없다'라는 생각이 든다.

그렇다. 나의 것은 없다. 어차피 인간은 하늘의 소유물이 아닌가? 그런데 내 것을 찾을 때는 힘이 들었지만 '내 것은 없다'라는 것을 알고부터는 모든 것이 편안하다. 누구나 이런 감정을 느끼고 살았으면 한다.

하지만 우리 사회는 어떠한가? 그렇지 않을 것이다.

믿지 못하는 사회를 살아간다. 신용이 없는 사회를 우리는 서로 신임을 하고 이해하는 사회로 만들어야 한다.

그렇게 하려면 어떻게 해야 하나. 우선 상대를 생각하는 마음부터 알아야 한다.

하늘사랑

난 지금도 꿈을 꾸고 있는 것이다. 이유는 여러분의 판단에 맡길 것이다.

하늘은 순수한 것을 좋아 하신다. 난 그것을 알았다. 하늘사랑은 부담이 없이 받을 수 있어 좋다. 나는 오늘도 사랑을 받고 있다.

처음으로 하늘의 사랑을 받은 것이 있다면 하늘과 대화하는 것이다. 다음은 원하는 것을 알려 주시고 준비하게 하여 주신 것이다.

난 너무 많이 받은 것을 지금도 다시 모든 국민들에게 나눠주고 알려 주고 싶은 마음을 갖게 됐다. 하늘사랑은 받는 것보다 주는 것이 무엇보다 편하고 나를 발전시키는 것에 최고인 것을 알게 했다.

하늘군가

땅에서도 군가가 있듯이 하늘에도 군가가 있다. 땅에 있는 군가보다 하늘군가는 더 큰 힘을 준다.

하늘에서는 항상 나라를 보호하기 위해 있는 것이다. 그럼 우리나라는 얼마나 보호하고 있는지를 난 물어본다.

이렇게 말을 하신다. 우리나라의 해병대보다 수천 배의 힘을 가지고 있으므로 그 수천 배의 힘을 가지려면 민족을 생각하는 마음이 수천 배의 생각으로 바뀌어야 한다.

남자가 군대를 가는 것은 그 기운을 받기 위해 가는 것이다. 그래서 하늘의 기운을 잘 받아야 나라의 발전이 있다는 것을 알게 된다.

역(易)

역은 증폭을 말하는 것이다.

뇌를 증폭시켜야 역을 알게 된다.

우뇌를 증폭시킬 때 자연을 알게 된다.

그때 바른 역을 알게 되는 것이다.

우주의 기운이 돌아가는 것을 느끼며 감을 잡을 때 역이라는 소리가 저절로 나오는 것이다.

역으로서도 모를 게 없는 것이며, 역이라는 것은 자연의 울음을 말하는 것이다.

창문을 열고

인간의 뇌는 창문을 열어놓을 때 맑아지는 것인데 창문이란 마음의 창을 말하는 것이다. 자신이 얼마나 다음의 창을 열어놓았는가에 따라서 맑아진다.

시를 쓰는 시인도, 작곡가도, 연출가도, 연예인도 마음이 열릴 때 그 능력을 표출하게 되는 것이다. 그것이 자신의 머리로 하는 줄 알고 착각한다면 단막으로 끝이 날 것이나 마음이 열려 한다는 것을 알았을 때는 영원히 깨우친 것을 가지고 살아갈 것이다.

"천문"

재창조

다 알다시피 우주는 창조를 하지만 인간은 재창조를 하게 된다. 그렇다. 인간은 어느 것이든 재창조를 위해 열심히 일하면서 살아가는 것이다.

누구나 재창조를 하고 싶어 하지만 어떠한 단계를 알아야 한다.

재창조하기 위해선 "모든 신명들이 자신의 편이 될 때 이루어지는 것이다"라는 것을 잊지 말아야 한다. 그러므르 영적인 면으로 밝아져야 재창조를 할 수 있다.

어떠한 직업을 갖더라도 창의성이 없다면 진급이 어려운 것처럼 항상 기도를 통한다면 가능하다.

인간사랑

내면을 알고 자신을 알면 모든 것이 긍정적으로 변하고, 인간이 사랑할 수 있는 모든 것을 사랑하게 된다. 인간의 뇌로 사랑할 수 있는 것과 마음으로 사랑하는 것을 알게 되는데, 인간의 머리로는 어느 한정적인 사랑만 하게 된다. 그러므로 인간사랑의 한계는 그렇게 범위가 크지 않다.

영적인 면이 강해야 사랑도 깊고, 넓고, 높은 사랑을 알게 되는 것이다. 나에게도 그렇게 큰 사랑은 없었지만 내면을 알고부터는 인간사랑의 근본을 알게 된 것이다.

세상의 평화를 위해서는 내면의 사랑이 펼쳐갈 때 모든 사람을 사랑할 것이다. 대통령이나 장관급들이 이러한 사랑이 들어 있을 때 정치를 잘한다고 할 것이다. 그러나 아직 대한민국의 정치가들은 이러한 사랑이 부족한 편이다. 모든 국민이 내면을 알고 살아간다면 서로의 사랑을 알아가며 즐거울 것이다. 이것이 인간사랑이다.

나의 무덤

언젠가 제자들을 가르치면서 나의 무덤을 얘기한 적이 있다. 만약 내가 세상에 공헌을 하고 살았다면 무덤이 있어야 하겠지만 아무 일도 하지 않고 사회에 공헌을 하지 않았다면 나의 무덤을 찾아줄 필요가 없다고 했다.

그렇다. 인간으로 태어나서 자신이 사회에 필요한 사람이 되어야지 그렇지 못하고 산다는 것은 불행의 연속이다. 난 나의 무덤을 만들기 위해서라도 무엇인가를 노력할 것이다.

무덤이라는 것은 하늘의 기운을 모아서 땅에다 그 육체를 묻는 것인데 그의 영과 혼은 묻지 않는 것이다. 하늘의 문을 열어 영과 혼은 그 안으로 들어가는 것을 말한다.

내 형제 내 사랑

신들은 서로 의지하며 또한 서로 이해하는 것이 많다. 그 신들을 인간이 이용하는 것이다. 그 신들을 이용하지 못한다면 우리가 아는 그룹 삼성이나 LG를 만드는 데 인간의 힘으로는 할 수 없는 것이다.

또한 공부를 하는 학생들도 신들의 도움이 없다면 1등도 못하고 2등도 없는 것이다. 신들이 작용을 잘하는 데서 영재가 되는 것이며 영재공부가 되는 것이다. 영재교육을 하는 사람이 신을 알고 영을 안다면 어린 학생들을 영재를 만들기가 쉬운 것이다.

우리나라에 학원이 많다. 학원에서 영성으로 공부를 가르친다면 그것이 바로 전인교육이며, 내 형제 내 사랑을 아는 것이다.

슬픔을 만들어라

우리는 슬픔을 싫어한다. 물론 슬픈 것을 좋아하는 사람은 없을 것이다.

좋은 것만 생각하고 산다면 인간은 사는 것이 무의미해진다. 이 모든 사회의 슬픔을 안고 산다는 것은 쉬운 것은 아니나, 가정이나마 슬픔을 자신이 갖고 산다는 마음을 갖고 산다면 이 사회는 크게 정화가 될 것이다.

지금 혹시 슬픔이 있다면 슬픔을 즐겨하는 마음을 가져라. 그리하면 슬픔은 저절로 사라질 것이다.

난 누구보다 슬픔이 많았다. 슬픔 뒤에는 환희가 도사리고 있다는 것을 알았다. 슬픔 뒤에는 항상 즐거움이 있다는 것을 용기 속으로 가져가야 한다.

특히 기도를 하는 사람들은 안 된다고 포기하지 말고 살아야 한다. 흔히 안 된다고 생각할 때가 가장 될 때가 됐다고 생각하면 된다.

기도하다가 이루어지지 않는다고 생각하면 어려워진다. 안 될수록 더 분발해야 한다. 슬픔이 온다면 행복을 생각해야 슬픔이 분명 사라진다는 진리를 알아야 한다.

환생

사람만 환생이 되는 것이 아니라 하늘에서 만든 것은 어떤 것이든 재창조가 된다는 진실을 마음에 묻어두어야 한다. 인간이 환생이 된다는 것은 사람으로 환생 되는 경우도 것도 있지만 짐승이나 동물이 환생이 되는 경우가 있다.

우리가 보신탕이니 영양탕이니 하는 개고기는 쉽게 말하자면 조상이 환생 되는 경우가 있어 보신탕을 먹는 것이 찝찝할 때가 있는 것이다. 어떤 때는 옛 성인이 환생하는 경우도 가끔 볼 수 있다. 또한 날아다니는 새로 환생이 되는 경우도 있다.

인간은 전생을 알고 싶어 하는데, 그렇다. 전생은 누구나 있는 것이다. 하지만 전생을 알기에는 너무 힘이 든다.

모든 영을 통한다면 가능하다.

환생, 환생은 인간의 미래를 예견하는 것이다.

"천문"

돈아돈아

"한 많은 이 세상" 하며 노래를 부를 때 우리는 어떤 것이 한 많게 하는가?

그중에 돈이 들어가 있지는 않은지 아마 돈으로 한이 생긴다면 자신도 모르게 불행하다고 생각할 것이다. 돈은 살아가면서 조금 필요한 것이다. 그러나 정신은 제일로 필요하다고 말하고 싶다.

정신이 제대로 박혀 있다면 돈은 인간에게 아무것도 아니다. 생각만으로도 가질 수 있는 것이기에 정신을 바로 차려야 한다는 것을 알아야 한다.

어떤 일들이 잘되는 사람들을 보면 "정신이 밝은 사람이다"라는 것을 누구나 느낄 것이다.

돈을 잘 버는 것은 정신이 필요한 것이다. 그래야 돈을 마음대로 다룰 수 있다. 따라가지 말고 따라오게 해야 한다.

내 몸 안에 있는 기운이 가득 찰 때 돈도 내 편이 되는 것이다.

우선 나의 기운을 채워야 한다. 우선 산의 기운, 바다의 기운을 받는 것이 많은 도움이 될 것이다. 물론 자연의 기운을 다 받는다면 더 없이 좋을 것이다.

나눔

인간의 일생은 서로 나눔을 통해서 많은 것을 알게 된다.

하늘은 일찍이 인간에게 나눔을 알려 주었다. 다시 인간은 나눔을 통해서 많은 것을 알게 된다.

나 역시 하늘을 통해서 나눔을 배운 사람이다. 나눔 속에 평화와 긍정이 생긴다.

서로의 긍정이 없는 나눔은 항상 피곤하다. 긍정이 있을 때 사랑도 일어나고 미안함도 일어나고 결과는 나눔으로 승화되는 것이다.

이제사 나눔을 하게 된 것도 나는 하늘의 일이라는 것을 알았다. 나눔의 중요성을 알고 나서 이제는 서로 나눔의 생활의 중요성을 안 것이다.

우리 민족이 나눔을 알고 산다면 통일은 물론이며 서로 한마음이 된다는 것을 알게 된다.

죽어야 산다

영을 알거나, 기를 알거나, 신의 세계를 알려거든 자신의 생각을 죽여야 한다고 이 책에서 누차 말한 적이 있지만 한 번 더 강조하고 싶다. 아마 왜 이런 말을 하는지 독자제위는 알 것이다.

자신의 생각이 있다면 자신의 생각으로 망가지는 경우가 많다. 아무리 기도를 한다고 해도 효과를 보지 못한다. 아마 이러한 경우를 경험한 사람들은 알 것이다.

난 내 머리에 아는 것도 없지만, 그것마저 다 버렸었다. 그리고 나서 그런지 난 나도 모르게 이렇게 능력이 생긴 것이다.

누구나 나처럼 할 수 있다. 단, 나를 죽여야 한다는 것을 알려 주고 싶다.

제6장

신이란

“천서”

내면의 세계

하늘에서 가장 중요하게 생각하는 것이 있다면 그것은 인간의 내면인 것이다. 인간의 표현으로는 귀로 들어서 아는 것과 자신이 체험을 통하여 아는 것의 차이를 알 때 무엇인가 일어나는 현상이다.

그래서 내면은 스스로 만들어지는 것도 있고 하늘에서 만들어 놓은 것도 있다. 다만, 인간이 하늘을 모르고 살아간다면 인간이 만들어 놓은 것만 인정을 하게 되며, 잘못하면 인간이 살아가는 도리를 모르고 살아가게 되는 것이다.

그래서 영적인 면으로 발달되어야, 인간은 잘산다고 할 것이다. 그래야 행복도 알 것이며 불행도 미리 알 수 있다.

그러므로 이렇게 볼 때 영의 힘이란 내면의 힘이라 말할 수 있는 것이다. 그래서 인간은 내면을 키우고 살아가는 것이 최우선이다.

만약 그렇게 살아간다면 우리 민족이 세계 대열에 빨리 달려갈 수 있을 것이다.

신이 울리는 사람들

난 이것을 알았다.

우선 게으른 사람이다.

잘난 체하는 사람이다.

그리고 하늘을 모르고 살아가는 사람이다.

또한 자신을 모르는 사람이다.

신들은 이런저런 방법으로 사람들을 울린다.

우선 신들이 울리는 데는 무슨 뜻으로 하는 것일까?

그것은 울리는 사람들에게 발전을 원하기에 하는 것이다.

단, 이것을 모르고 살아간다면 오히려 발전은 없는 것이다.

그렇다. 신들은 이렇게 인간들을 시험한다.

이것을 모르고 사람들은 살고 있다.

그럼 신들이 울리지 않게 하려면 인간은 어떻게 살아야 하는가? 하는 마음이 생길 것이다.

신들은 자신보다 높은 기운이 들어 있는 사람에게는 시험을 하지 않는다.

다만 살아가는 데 도움이 되는 힘을 주지 않는다.

이것을 볼 때 인간은 정도를 걸을 때 바르게 되는 것이다.

또한 하늘의 힘을 얻었을 때 다른 좋은 것이 생기거나 자신이 하는 일들이 편하게 풀리며 나갈 것이다.

인간이 모르는 신

"누가 이런 것에 관심이 있을까?" 하고 나도 모르게 반문을 한다.

인간이 모르는 신은 많다. 모르고 살고 있는 신들이 판을 치는 세상이 올 것이다. 그래서 홍수도 나고, 지진도 있고, 열대야도 생긴다.

신들의 흐름을 알고 산다면 인간은 편해질 것이나 신을 모르기에 당하기만 하는 것이다.

그렇다. 인간이 모르고 있는 신을 안다는 것은 우주의 모든 것을 아는 것이다. 신을 알고자 한다는 것은 영의 세계를 이해하는 데서 해답을 찾을 수 있다.

그러나 인간의 지식으로 찾기에는 너무도 어려운 것이라서 잘못하면 인간이 모르는 것을 찾는다는 것은 거의 인간의 정신상태가 무아가 되어 있을 때 일어나는 현상이다. 그렇게 되기 위해서는 자신을 모두 버렸을 때 일어나는 현상이며 죽음 직전의 상태라고 볼 수 있다.

이제 여러분들이 궁금해 하는 인간이 모르는 신에 대해 서술해 본다면 신은 인간의 눈으로 볼 수 없기에 마음으로 느낀 것을 생각으로 바꾸기 전에는 이해할 수 없는 것이다. 그러기에 함부로 말한다는 것은 정말 힘이 들 것이다. 그러므로 이해를 하는 사람들은 신과의 대화도 가능하다.

그래서 보이지 않는 신들을 연구한다든가 사진으로 현상을 한다는 것은 있을 수 없는 일이며 소용이 없는 일이다.

"천문"

신들의 생각

인간의 최고의 욕망은 죽지 않는 것이다. 그러나 인간은 자신이 하는 일을 마무리 하지 못한 채 생을 마감한다. 이럴 때 가장 필요로 하는 것이 신들의 생각을 빌리는 것이다.

다만 인간이 신들과 접촉을 하기 위해서는 신들과의 합일을 중요하게 생각할 때 일어나는 현상을 자신의 마음으로 펼쳐지게 하는 것이다.

신들도 차원이 있다는 것을 알아야 하며 그것을 알 때, 인간은 스스로 차원이 높아진다는 것을 알게 된다.

이제 신들과 대화를 해보자. 자신의 마음과 신들이 통하는지….

어떤가? 대화가 되는가? 혹 된다면 무슨 답을 얻었는지 알아야 한다. 안 된다면 내면에 무슨 문제가 발생한 것이다.

신들은 쉽게 답을 주지 않는다. 답을 준다 해도 엉뚱한 답을 주기에 혼란이 올 때가 있다. 그래서 신들과의 대화는 자신과 차원이 같을 때부터 이루어지는 것이다.

차원이 동등하지 못하다면 더욱더 신들과의 대화를 위해 기도를 해야 한다. 기도를 어떻게 해야 할지 모른다면 우선 천지신명을 찾아야 한다. 그리고 나서야 신들의 움직임이 시작될 것이다.

신들의 움직임을 알고 시작해야 한다.

이것이 신들의 생각이다.

인간을 생각하는 신

신들이 원하는 것은 무엇인가?

아마 그들을 알아주기를 원할 것이다.

신들도 살아있는 인간과 같은 생각을 하고 있다.

신들은 인간을 도우려고 하는데 사람은 그것을 두려워하고 있다. 난 누구보다 신들의 도움을 많이 받은 사람이다.

도움을 받는다는 것은 서로 통한다는 말과도 같다.

누구나 신의 도움을 받고 살지만 잘 알지 못하기에 신들은 자신들을 알아주기를 원하고 있다.

인간들이 살아가는 데 여러 가지로 힘들게 한다. 그러므로 살아가며 신들과 같이 살아가는 방법을 알아야 한다.

첫째는 신들을 아는 것이 급선무이다.

둘째는 신들과 친구가 되거나 같은 식구가 되는 것이며 영적공부를 하는 것이다.

셋째는 신들의 행동을 알아야 한다.

신들이 원하는 것은

"'과연 신들이 원하는 것은 무엇일까'라는 궁금증이 있는 이가 얼마나 있을까" 하고 반문하고 싶다.

나는 이런 것에 관심도 아는 것도 없었다. 그러나 나는 지금 신들의 마음을 알고 사는 사람 중에 한 사람이다.

우선 신들은 인간의 마음을 알고 있다. 그러나 인간은 신들이 원하는 것을 모르고 산다. 오히려 당연한 일이나 난 다른 사람들과 달리 신들이 원하는 것을 알고 산다.

그렇듯이 신들은 자기들의 말을 듣기를 원한다.

나는 아무것도 몰랐지만 신들과 대화를 통하고서야 신들의 섭리를 알게 됐다.

신과의 합일은

신과의 합일은 인간이 생각하는 것처럼 쉬운 것은 아니나 신들이 원하면 언제든지 가능하다. 그러나 신들과의 합일이 어떤 것인지 어떻게 이루어지는지를 모르기에 인간들은 당황을 하거나 모르는 것이다.

나는 신과의 합일이 되었다는 것을 기도한 지 20년이 지나서야 알게 되었다. 다만 일찍 알 수도 있었지간 도대체 모르기에 헤매게 되었던 것이다.

이제사 신들과의 합일을 알았기에 신들의 도움을 받는 방법도 터득한 것이다. 그래서 요즘은 신과의 합일을 원하는 사람들을 위해 신과의 합일을 할 수 있게 도움을 주고 있다.

우선 신과의 합일이 되면 하는 일이 수월하게 이루어지는 것을 알 수 있다. 신과의 합일을 중요하게 생각하는 데서 인간은 그 값어치를 알 수 있는 것이다.

아직도 신과의 합일이 안 돼서 고생하는 분을 보면 안타깝다.

"천문"

천지개벽

인간이 살아가면서 '천지개벽이란 뜻을 알고 산다면 얼마나 좋을까'라고 생각한다.

여러 가지의 개벽이 있지만 마음이 바로 되는 개벽이란 것이 불현듯 찾아오면 이것이 천지개벽이구나 하고 알게 한다.

마음에는 하늘과 땅이 다 들어 있다. 그러므로 천지개벽은 마음을 통해서 일어나는 상황이다.

얼마나 사람들은 천지개벽을 원하고 사는 것일까?

나부터 나를 바꿨으면 나를 알았으면 하는 마음이 잠재해 있었다. 이제사 그것을 안 것이다.

사람들은 잘못 알고 있는 상식을 믿고 산다. 이러한 생각을 바꾸지 않으면 평생 헤매는 것은 물론이며 잘못알고 있는 상식이 무엇이든 변하지 못하게 한다.

그러므로 천지개벽이라는 뜻을 바로 알고 사는 것이 인생을 바로 아는 것이다.

제7장

제자들 글모음

"천서"

감사 올립니다

"우주의 주인이신 할아버지"

그동안 공부 많이 가르쳐 주셔서 감사합니다.

이 감사를 나누어야 하기에 글로 표현합니다.

할아버지 감사합니다.

할아버지 고맙습니다.

할아버지 사랑합니다.

할아버지가 계심에 고충과 아픔이 곧 기쁨인 것을 알게 되었습니다.

정말 혹독하게 공부시켜 주시고 체험시켜 주셔서 반복하여 복습공부 하였고, 처음부터 다시 시작한 공부이기에 좀 더 참고 인내하고 견딜 수 있었습니다.

공부가 안 될 때는 날 미워도 했지만 다 내 마음자락이 잘못됨을 깨닫고 용서를 구했습니다.

죄가 많은 인간이, 사랑이 없는 인간이, 어찌 남을 이해하고 사랑할 수 있겠습니까.

하나에서 열, 백, 천, 무수히 많은 말씀과 행동들이 공부하고 체험해 보니 바로 느끼고 알 수 있는 것을….

직접 경험만이 나를 성장시키고 올려주심을….

아직도 멀고 멀었지만 골방생활 1년이 나의 주인이 되어 천금 같은 시간이었습니다.

늘 잊지 않고 있었습니다.

첫 물맛이 꽤 쓰고 달고, 하늘공부가 너무나 재미없고, 가슴 아프기를 수천만 번 오락가락하므로 완성됨을….

그러나 곧 깨우침이 최고의 무기라는 것을….

각기 다른 사명 중에 제자 키우는 사명을 받으셔서 그토록 힘들고 외로운 길을 가시고 계신지….

그러나 저 같은 망아지는 아니 되라고 사람 만들기를 하시는지….

왜 그토록 목청 높여 화내시고 가슴 아파하셨는지….

간혹 지하철 광고판에 할아버지 모습을 뵈올 때 공부한 순간들이 그리워 눈시울을 적셔보기도 하였습니다.

할아버지!

잘난 사람이나 못난 사람이나 깨우친 만큼 하늘을 알게 되니 그 자리에서 그냥 바라 봐 주세요.

어느 순간 알게 될 그날까지….

어느 날 모두 할아버지 우러러 뵐 것입니다.

하늘이 계심에 감사합니다.

하늘이 계심에 고맙습니다.
하늘이 계심에 사랑합니다.
천지사방 온통 하늘임에 모두를 사랑합니다.
할아버지, 감사의 절 올립니다.
감사합니다.

존경하는 선생님께

감사, 행복, 사랑을 마음으로 느끼게 해주신 선생님께 이 글을 통해 제 마음을 우주만큼 듬뿍 담아 진심으로 감사, 또 감사드립니다.

24살 꽃다운 나이에 결혼하여 8남매 맏이 역할은 저의 뜻과는 상관없이 인내와 고통이 따랐습니다. 종교에 의지하면서 많은 시간이 흘렀습니다. 흐르는 시간들만큼 크고 작은 일들이 등장을 했고 그러다 무서운 병마가 저에 생명을 위협하기도 했습니다. 죽음에 대한 두려움보다 부모님과 자식들 생각에 마지막 희망이라는 끈을 놓지 않으려 안간힘을 쓰던 시간도 있었습니다.

선생님을 뵙기 전에는 친정어머니와 저희 5남매는 몸이 하나같이 아파서 병원, 한의원 등 여러 군데 시행착오를 겪으면서 차차 지쳐갈 즈음 선생님을 뵙게 되었습니다.

처음 들어보는 신이니 영이니, 기라는 단어가 생소하고

낯설기만 했고 혼란스럽고 생각이 복잡했습니다. 그때 저는 어떠한 희망도 보이지 않는 조그마한 한 여자였는데 선생님을 찾아와서 며칠 동안 소중한 시간을 뺏으면서 힘들게 해드렸는데 선생님께서는 묵묵히 한결 같은 마음으로 정성껏 대해주셨습니다. 아무리 설명해도 도통 알아듣지 못하니 몹시 답답해 하시던 모습….

저는 20년 넘게 제가 하는 종교 외에는 어떤 존재도 인정하지 않던 무지한 사람입니다.

반신반의하면서 도반 제자들과 함께 수업에 참여하고 보니 제자들은 하나같이 선생님을 닮아 마음으로 행동으로 사랑과 배려를 실천하고 있었습니다. 너무도 예뻤습니다.

천도제를 지내고 선생님은 저희 가족의 아픔을 당신 몸으로 받아서 당신 몸을 질질 끌면서 다니시는 모습을 뵐 때는 솔직히 쥐구멍이라도 들어가 숨고 싶었고 충격이었고 감동이었습니다. 선생님의 뜨거운 가슴속 눈물을 3번 보았습니다.

어떤 제자든 소중히 하고 예뻐하시는 모습….

여기는 하늘나라구나!

차별이 없는 곳, 이렇게 좋은 곳도 있구나!

저 혼자 누리기에는 너무도 아쉽고 벅찬 하루하루였습니다.

몸과 마음이 하늘을 훨훨 나는 기분입니다.

좋은 옷 입고 좋은 곳에 여행을 해봐도 공허하고 허전한 마음은 무엇으로도 채울 수가 없었습니다.

선생님, 당신께서 얼마나 훌륭하시고 모든 이에게 얼마나 필요하신 분인 줄 선생님께서도 다 모르실거예요.

선생님, 노래가 너무 슬프고 마음이 가슴 절절히 아파요.

원룸에서의 생활은 너무도 초라하고 비참함이었습니다.

제가 그 모습을 보고 집에 갈 때 차 안에서 목 놓아 통곡을 했습니다. 자격도 없는 사람들은 너무도 호의호식 하는데 이렇게 소중하고 훌륭하신 당신께선 왜 이렇게 사셔야 하나요? 저는 저 자신, 내 자식, 내 남편, 내 욕심만 채우면서 살아가고 있는데 선생님은 인간으로 최소한의 기본은커녕 인간 아닌 인간으로 살아가시고 계시는 모습을 차마 뵐 수가 없습니다.

선생님께서는 알고 계시는 모든 깨달음을 제자들에게 음악으로 사랑으로 행동으로 때로는 심한 질타로도 알려 주시려 하시는 모습은 정말 하늘이었습니다.

어느 누가 선생님 같은 가시밭길을 갈 수가 있겠습니까?

그야말로 하늘에서 선택하신 분이 아니면 불가능합니다.

제가 조금이라도 해드린 게 있다면 그것도 역시 하늘의 뜻이었고 선생님께서 걸어가시는 길에 조금이나마 마음에 위안이 되시고 힘이 되셨다면 저는 더 없는 행복과 영광으로 생각합니다. 좀 더 깊은 마음을 담아 선생님께 표현하고 싶은데 제가 부족하여 더 진심을 전해 드리지 못해 죄송합니다.

저는 깨달았습니다. 그동안 저와 같은 숙명을 가진 사람들은 원만한 가정을 이루지 못한다는데 다행히 저는 다른 사람들보다 착한 남편 만나 이 만큼이라도 누렸다면 하늘에서 받은 것을 하늘에 돌려드려야 하는 것을 느낍니다.

이 정도 선생님께 가르침을 받은 것도 저는 과분합니다. 훌륭하신 선생님 도반 제자들과 동행할 수 있다는 자체만으로도 더 없이 행복하고 태어나서 최고의 선택이었습니다.

거듭 부탁드리지만 건강 챙기시고 많은 제자들 곁에 오래오래 계셔야 됩니다.

가혹한 부탁이지요?

선생님, 자랑스럽습니다.

감사하고 또 사랑합니다.

— 선생님을 진심으로 존경하는 인애 드림

"천문"

미연의 글

원인 모르게 살이 빠지기 시작했다. 서서히 죽어가고 있음을 느끼며 13kg가 빠질 즈음 '하늘의 소리를 들어라, 그 길만이 살길'이라는 마음속에서 나오는 소리를 들었다. 어디로 가야 하나, 어디에서 들어야 하나.

무작정 시골로 갔다. 우연히, 아니 필연적인 만남으로 웅천선원 홈페이지를 보게 되었다.

'여기구나! 내가 갈 곳이.' 정신없이 도반 책을 읽었다. '바로 이분이다! 내가 찾던 분이….' 지난 47년 동안 그 많은 우여곡절 끝에 나의 근본, 본질을 찾을 수 있도록 해주신 선생님.

단숨에 선원을 찾아왔다. 나의 입에서는 그토록 열망하던 하늘의 소리가 터져 나왔다. 바로 이것이다. 나의 내면에는 내가 모르던 탐구조차 할 수 없던 하늘이 있었고 우주가 존재했다. 죽지 않고 살아있음이 기뻤다.

모든 것이 감동으로 밀려왔다. 이제껏 삶의 고통이 순식

간에 보상 받는 순간이었다.

그 후 천도제를 끝내고 몸 안의 나쁜 기운이 걷어지고, 공부를 하며 내 몸속의 여러 천신들과 대화를 하게 되었다. 그들은 나를 좋아하고 나도 그들을 사랑한다.

우리는 서로 사랑하며 서로를 위해 살기로 합의를 보았다. 내가 힘들어 하면 그들이 나를 위로해 준다. 칭찬도 해준다.

기분이 좋다. 누구도 나를 칭찬해 주지 않아도 좋다.

점점 감성이 풍요로워짐을 느낀다. 따스한 사랑이 나를 감싸고 모든 이들을 하늘로 볼 수 있는 눈이 생겼다. 모든 것이 하늘이었다. 모든 곳에 하늘의 소리가 꽉 차 있었다. 감사하다.

살아있음의 환희, 존재 그 자체의 자긍심, 생명에 대한 외경, 하늘의 존재를 엄연히 살아계신 선생님 속에서 발견했을 때의 경이로움과 선생님을 통하여 느끼는 인간의 위대함.

소우주, 대우주와의 합일. 인간이 만물의 영장임을 몸소 보여주시는 하나하나의 몸짓. 그 깊은 은혜, 그 깊은 마음을 뼛속 깊이 느끼는 매 순간이 감동과 전율 그 자체였다.

결국 나는 이곳에 와서 인간을 버리고 영으로 새로 태어나게 되었다.

물론 그것이 가장 인간적이 된다는 뜻이지만….

선생님, 감사합니다.

하늘이여, 당신의 뜻을 실천하겠습니다.

— 미연 올림

비향의 글

절망의 끝에서 빛이 보였습니다.

마음의 편안함과 통쾌함이 평생의 한이 풀어지기 시작하였습니다. 걱정거리가 없어져 머리가 텅 비어 있는 느낌을 받았습니다.

'이런 것이 있었구나'라는 환희의 맛을 보았습니다.

지금은 편안한 마음과 몸으로 만사가 해결되어 가고 있습니다.

평생에 사랑이라는 사랑을 처음 하는 것 같습니다.

부모님과 형제들이 많아서 관심을 많이 받고 살았지만 마음은 언제나 공허하였고, 무엇인가를 찾아 헤매며 살아야하는 시간들 속에서 무엇이 먼저인지도 모르고 방탕한 생활을 하였습니다.

먼저 저의 잘못된 부분들이 정리되게 하시고 저 같은 사람을 택하셔서 마음공부를 시키시는 하늘에 감사하고 눈물과 웃음을 찾아주신 스승님, 하늘을 알게 해주신 스승님께 감사드립니다.

저의 전 남편이 저에게 도반 책을 사주어 이 길로 발을 옮길 수 있는 길을 제시하였고 지금은 다시 함께 살게 해주신 스승님께 깊은 감사를 드립니다.

믿고 의지할 수 있는 인생의 동반자로 함께 마음공부하는 도반으로 같이 할 수 있기를 진심으로 남편 유진님께 원합니다.

끝까지 하늘의 제자이길 배반하지 않는 하늘의 자손이길 원합니다.

감사합니다.

— 비향 올림

8월 어느 날

비가 오면 난 슬프고 우울하다. 항상 슬프고 외롭지만 비가 오는 날이면 더욱더 슬퍼지고 외롭다.

한 줄기 빗방울을 바라보며 흘러내리는 눈물, 울어도 울어도 빗방울 수만큼 울어도 풀리지 않는 가슴의 응어리는 마치 돌덩어리처럼 딱딱하게 굳어버렸다. 꿈과 야망으로 똘똘 뭉쳤으나 현실은 나에게 실망과 절망만을 남겨 놓은 채 날 외면해 버렸다. 난 늘 혼자였다. 모든 걸 혼자 해야 하는 사실이 무척 힘들었다. 자존심이 강해 누구의 도움도 받지 않고 살아 왔지만 너무 힘들어 별을 보고 달을 보고 외쳤다. 그리고 울었다. 하염없이…. 그러나 하늘은 늘 그랬듯이 말이 없었다. 그래서 더욱 외로웠다.

절에서 밤잠을 자지 않고 2년씩 기도도 해보았건만 기도를 하면 할수록 더욱더 답답하고 힘이 들었다. 그리고 눈물만 나올 뿐이었다. 애국가를 불러도 "하느님이 보우하사"란 말만 하면 울음부터 나왔고, 교회 가서 기도를 해도 하느님만 찾아도 눈물이 앞을 가려 기도를 할 수가 없어서 교회도 포기하고, 절도 포기하고 집에서 기도를 하는데 기도 중에 이상한 말이 나왔다.

무서웠다. 기도만 하면 이상한 말을 하니 기도를 할 수가 없었다. 그것을 알고 싶어 이곳저곳을 찾아다녔다. 그러나 알 수 없었다. 돈만 버리고 얻은 것은 답답함 뿐이었다. 어느 한 곳에서 영과 신이 들어왔는데, 힘들다고 했다.

난 하느님, 조상님께 간절히 기도했다. 제가 갈 수 있는 길이 무엇인지는 알 수 없으나, 제대로 가고 싶으니 훌륭한 선생님을 안내해 달라고 매일 낮과 밤을 가리지 않고 기도를 했다.

하늘에서 감동을 하셨는지 우연히 도반 책을 인터넷에서 보게 되어 읽기 시작했다. 알 수 없는 무언가에 빨려 들어가는 느낌…. 내가 궁금해 했던 모든 내용이 그곳에 다 있었다. 이렇게 훌륭한 책을 집필하신 분을 만나 뵙고 싶어 전화를 드리고 달려갔다.

단군성전이었다. 단군할아버지께 절을 하는데 눈시울이 적셔졌다.

손님과 상담하는 선생님의 모습은 인간이지만 인간이 아니란 느낌을 주고 있었다. 그러나 그게 무얼까 궁금하지만 묻지 않았다. 내 차례가 와서 뵙게 되었는데 눈동자가 인간의 눈동자가 아니었다. 무엇을 가리키며 써보라고 했다. 엉뚱했다. 그러나 난 무언가를 쓰고 있었다. 황당했다. 선생님 방으로 따라오라고 해서 갔는데 이상한 소리가 나오는 것이었다.

집에서 나왔던 그런 말이었다. 하늘의 말이라는 것이었다. 놀랐다. 그리고 감사했다. 참는 게 아니라 그 말을 해야 한다고 하셨다. 그렇게 알려고 해도 알 수 없었던 수수께끼가 풀렸다. 우렁찬 소리가 끝없이 나오고 또 나왔다.

내면의 소리…, 한이 많은 것 같고 화도 많이 난 소리였다. 눈에선 눈물이 하염없이 나오기 시작했다. 선생님이 뭐라고 하시는데 아무 소리도 들리지 않았다. 시원했다. 답답함이 모두 풀렸다. '감사합니다'라는 소리가 끝없이 나왔다. 내 인생의 최고의 날이었다. 무슨 말인지는 알 수 없지만 한이 서린 소리였다.

천어라고 했다. 선생님 방을 나왔다. 많은 사람들 앞에서 해보라고 했다.

천어를 하는데 한없이 흘러나오는 눈물은 주체할 수가 없었다. 처음 본 사람들 앞이었으나 부끄럽지가 않았다. 오히려 행복했다. 이렇게 행복할 수가 없었다.

'바로 이거였어!'

가슴의 응어리가 사르르 풀어지기 시작했다. 아무런 소리도 들리지 않았다. 그저 감사하고 또 감사했다. '난 이제 살았다!'란 소리가 절로 나오면서 머리부터 발끝까지 시원함을 느꼈다. 하늘에서 오색 쌍무지개가 날 반기듯 내 마음속은 온통 무지갯빛으로 물들여졌다.

'하늘이시여, 감사합니다. 이렇게 못나고 보잘것없는 절 이런 영광스런 광영을 주신 것에 또 감사합니다.'

하늘에서 성신이란 이름을 하사하셨다. 그러나 천어하느라 그 의미조차 들리지 않았다.

도반들이 제자냐고 물었다. 그러나 난 제자, 준제자가 중요하지 않았다. 하늘의 공부를 할 수 있다는 것만으로도 가슴이 벅차고 행복했다.

세상에 이럴 수가…. 바보 같고 멍청하고 늘 공상만 하던 내가 이런 광영을 누려도 되는지 황송했다. 감사하고 또 감사했다.

'감사합니다. 이제부터 하늘의 부름을 받고 살겠습니다.'

사회에서는 못나고 보잘것없는 인간이었으나 하늘에서 선택한 죄인인 만큼 그 죄를 사면시킬 때까지 힘들고 어려운 사람을 위해, 나를 찾고자 하는 모든 사람들을 위해….

무엇이 도움이 될지는 알 수는 없으나 도움이 필요한 곳이면 어디든 달려갈 수 있는, 하늘의 제자로서 부끄럼 없이 속죄하면서 열심히 노력하며 최선을 다하는 모습으로 살아갈 것을 선생님과 하늘에 맹세합니다.

선생님, 감사합니다. 그리고 이런 행복을 주시는 선생님 은혜 잊지 않겠습니다. 앞으로 무슨 공부를 어떻게 해야 할지는 알 수 없으나 이제 길을 알았으니 내 인생 모든 걸 바쳐 공부하며 살아보겠습니다.

과거의 저는 이미 죽어 없어지고 새로운 성신으로 다시 태어나게 해 주신 하느님과 선생님께 감사드립니다. 저의 영혼을 구해주신 선생님, 사랑합니다.

이 글을 쓸 수 있게 해주신 영광스러움에 더욱 감사드리고 하늘을 알고 세상을 바라보는 내 마음과 눈은 온통 사랑뿐입니다.

모두 사랑합니다.

— 성신 드림

"천문"

윤주의 글

"도반"이라는 천서를 통하여 잠자고 있던 내면을 깨워 주신 선생님께 감사와 존경을 보냅니다.

그리고 함께 기숙하며 기꺼이 기운을 깨워주고 건드려 준 선배님들께 큰 사랑을 전합니다.

세상살이를 할 때 자신감도 있었고, 돈 버는 재주도 제법 있다고 자부하며, 세상에서 말하는 사주팔자도 어디에서나 좋다고 하였었고, 마음 또한 베푸는 것을 좋아하였고, 욕심 또한 없다고 생각하였기에 나만 잘하고 열심히 느력하면 잘 살게 되는 줄 알았습니다.

착실함으로 말하자면 기네스북에 올려야 할 신랑과 알콩달콩 제 멋에 겨워 잘 살고 있다고 생각하며 살았습니다.

그러나 마음대로 되지 않는 것이 세상살이, 아니 하늘의 뜻인가 봅니다.

가정이 박살나고 돈으로 깨지고 남아 있는 것이라고는 끝이 보이지 않는 태산 같은 빚더미를 보며 한심해 하는 일뿐이었습니다.

왜? 왜일까?

생각하고 생각하고 또 생각을 해보아도 이유를 모르니 더 답답하고 억울했습니다.

부처님께 매일 108배, 300배, 500배, 1,000배 기도하고 법화경 사경을 10번하며, 천수다라니 일배일자 사경하며 눈물로 기도했습니다.

어서 어서 업장 소멸하여 돈으로 묶여진 제 업장을 풀어달라고 기도하고 기도하기를 2년 넘는 세월동안 하루도 빠지지 않고 죽기를 각오하고 매달렸습니다. 그 공덕으로 마음이 편해졌고 참회하는 마음과 용서하는 마음도 생기고 제법 마음을 다스려 단단한 내공이 생겼다고 생각도 하게 되었습니다.

그러나 끝이 보이지 않았고, 돈으로 인한 압박과 수치, 굴욕감, 죽고 싶을 정도의 비참함은 내 주위를 떠날 줄 모르고 더 이상 하루를 버텨나갈 사회적 능력조차 없어져 버렸고 어린 아들과 살아갈 길이 그나마 사라져 버렸습니다.

벼랑 끝에서 맑은 눈을 빛내며 나만 바라보는 아들을 가슴 저미는 아픔으로 바라보며 죽지도 살지도 못하는 상황 앞에 있으면서 태연한 척, 강한 척하며 버티고 서 있었을 때 도반이라는 천서는 내 머릿속을 빠른 빛처럼 휘-익 하니 휘저었습니다.

5일 동안 3권의 책을 급하게, 빠르게, 그러나 꼼꼼하게 모든 말초신경을 열어놓고 읽어 나갔습니다. 어느 곳에 빈틈이 있나, 인간의 마음이 있나, 실수가 있나 찾아보려고 한 글자도 놓치지 않고 의심의 눈초리를 거두지 않고 읽어 내려가며….

그런데 '정말 인간이 쓴 글이 아니고 진정 하늘이 내린 글이구나'를 느꼈을 때, 한시도 지체하고 싶지 않았습니다.

내일 어찌 살아야 할지도 모르면서 주머니 탈탈 털어 차비를 마련하여 "웅천선원"을 찾아갔습니다.

하늘과 선생님의 관심과 사랑이 아니었다면 지금 이 글을 써 내려가지 못했을 겁니다. 하늘은 제가 알 수 없을 때에도 계속 공부를 시키고 있었던가 봅니다.

미련하고 인간의 마음에 가려 깊은 하늘의 마음을 보지 못하고 하늘을 원망하며 제 잘난 멋에 살아온 제가 너무나 부끄러웠고, 내 고통이 제일 큰 것인 양 착각했던 내 이기심을 깨부수었습니다. 내면 깊숙이 숨어 있던 나조차도 나인 줄 착각한 악신을 스스로 토해내는 순간 나는 날갯짓을 하고 있었습니다.

앞으로 가야 할 길이 멀고 많이 남아 있겠지만 두렵지 않았습니다.

저 깊은 곳에서 말합니다. "걱정 말아라…."

하늘은 참 냉정한 것 같습니다. 그러나 또한 너무나도 인자한 것 같습니다.

진심으로 고맙습니다.
선생님께 깊이 감사드립니다.
모든 선배님들의 사랑에 눈물이 납니다.
저도 꼭 그런 선배가 될 것입니다.
하늘의 마음을 깊이 담을 것입니다.
내면 깊이….

— 윤주 올림

하늘을 만나기까지

고등학교를 진학할 무렵, 몸을 치면서 시작되었던 것 같다.

이유도 모르고 원인도 없으면서 음식도 제대로 먹지 못하고 무기력, 허탈감으로 병원에 가도 치료가 되지 않았다.

휴학을 하고 집에서 요양했지만 점점 더 심한 현상만 생겼다.

낮에는 비실비실하고 밤이 되면 초롱초롱해졌다.

학교는 복학했지만 더 이상 다닐 수가 없을 정도로 정신과 몸은 엉망이 되어 갔다.

내가 어렸을 때, 어머니는 신 내림을 받아 우표를 모셔놓고 굿을 월례행사처럼 했던 것 같다. 나는 굿을 하는 자체가 매우 싫어 거칠게 저항했다. 형들은 잠자코 있었지만 나는 굿판을 엎어 버릴 태세로 대들었다.

쉽게 말하자면 어머니는 풀어먹지는 못하고 모셔 놓는

정도였고 내가 아플 무렵에는 어머니는 교회에 다니시고 계셨다.

의학적인 방법으로는 내 병을 고칠 수 없었다.

이때부터 책을 읽기 시작했다.

닥치는 대로 읽다가 철학, 역학, 정신세계에 관한 책을 탐독했다. 그러나 갈증만 더했고 마음은 채워지지 않았다.

21살에 여자를 만나 가정을 이루어 애까지 낳았다. 군대는 체중 미달로 면제를 받았다. 그러나 이런 기운을 가진 사람이 가정이 원만할 리 없었다.

경제적인 문제가 항상 싸움의 원인이었다.

우연히 신문에 실린 도반 광고가 눈에 띄었다.

'도반'이란 두 글자에 내 마음은 전율을 느끼면서 빨려 들어가는 듯했다.

책을 읽어보니 그동안 내가 헤매고 찾았던 의문덩어리들이 하나하나 해소되며 내가 가야 할 길이 보였다.

하늘을 알게 해주신 스승님께 감사드리며, 하늘의 도구로써 살아가야 할 운명이기에 하늘이 내리시는 대로 순종과 복종을 하겠습니다.

— 웅보 드림

시솔의 글

7월의 장마는 어김없이 찾아왔다.

더운 여름은 장마 후부터 본격적으로 시작된다.

모처럼 목돈이 생겨서 서점에 갔다. 역학 코너가 2층이었는데 1층으로 자리를 옮겼다. 새로운 코너에 들어서니 눈에 띄는 책을 집었다.

도반이란 명찰의 책자이다. 첫 장을 넘겼는데 잘생긴 저자의 모습이 눈에 띄었고 그리고 약력을 살펴보니 검단 마니산 단군에게 천재 드리는 곳에 계시다고 한 것이 마음을 사로잡았다.

5년간의 세월을 기도라고 한답시고 먹뱅이 책상바위 앞에서 열성을 다해서 기도를 드렸다. 그것은 나와의 싸움이었고 무언가를 알아내기 위한 몸부림이었다.

그래, 내 안에 그 무언가를 알지 못했기에 몸부림 친 지나간 나의 생활…. 본격적으로 내가 누구인가, 난 왜 이럴까, 왜 남의 일을 미리 아는 것일까, 무엇 때문에 남들처럼 평범하게 살지 못하는 것인가를 알고자 애태운 세월….

도반이란 책 속에서 신비한 영감을 느끼고 그길로 전화 문의를 드렸다. 목요일에 전화 드렸는데 토요일에 오라고 하셨다. 그것은 희망이었기에 가슴 벅찼다.

'이제 난 고생은 끝이야.'

이제는 알 것 같기에 오라는 스승님의 답변에 모든 시름이 끝난 것처럼 가슴이 벅차오르는 기쁨을 느낄 수 있었다.

기다리던 토요일은 어김없이 찾아왔고, 시간은 흘러서 도반 표지의 스승님을 만나 뵙게 되었을 때 여러 도반들과 함께 계시는 스승님 모습은 찬란한 빛줄기였다.

안도의 한숨이 나왔다. 그리고 감격의 눈물, 희망의 눈물을 창피함도 모르고 쏟았다. 그곳은 오랫동안 잃었던 집을 다시 찾은 느낌이었다.

2박 3일간 선생님과의 생활에서 크나큰 변화와 완벽하게 내가 누구란 것을 알게 되었다. 신비로움이다, 갈증을 풀어주는 해갈이다, 7월의 장마는 나에겐 생명의 단비였다.

'아, 광명. 아, 태양. 아, 나의 우주.'

왜 그토록 쉬운 길을 어렵게 돌아서 왔는지…. 답답한 인간, 무지의 인간임을 이제 알았다.

난 스스로 숨 막힌 세월을 자초하였던 것이다. 이제 스승님의 피를 얼마나 쥐어짜야만 올바른 제자로 거듭날 것인가가 남았을 뿐이다.

— 시솔 올림

"천문"

마음공부를 하기까지

해외건설현장 근무 당시 발병한 병으로 인한 고통과 경제적인 파탄에 의한 이혼 등으로 병의 치유와 인생문제에 관심을 갖고 생활하고 있었습니다.

그러던 중 도반 책의 신문광고를 보고 단지 공개강의를 들어보고자 전화 드렸던 것이 마음공부를 시작하는 계기가 되었습니다.

제자가 뭔지도 정확한 개념도 모르면서 단지 조그만 욕심이 앞서 마음공부를 시작하였습니다. 그러나 제 자신이 아직 인간의 기본이 갖추어지지 않아 마음공부를 통해 인간답게 살게 하기 위해서 하늘에서 고통과 시련을 통해 신호를 보낸 것을 느끼게 되었습니다.

마음공부를 통해 아직도 부족하지만 제 자신을 다스리기 위해 힘쓰고 있으며, 스승님 덕분에 가정이 재결합하게 되었습니다.

앞으로는 지금보다 추락하는 인생살이는 없을 것이라는 기대감이 있어 기쁩니다.

스승님, 감사합니다.

— 유진 올림

어느 날,
하늘의 사랑을 보았습니다

병마와 고독, 외로운 고통, 괴로움…. 모든 것을 안고 벼랑 끝에서 흐느적거릴 때 한없는 사랑, 넓은 바다와 같은 끝없는 지평선 같은 사랑을 보았습니다.

수없이 밀려오는 파도에 부서질 때로 부서진 고통 속에서 떠밀려온 나를, 부족한 죄인을 사랑의 마음으로 만드셨습니다. 하늘의 큰 사랑, 말로 표현할 수 없이 행복했습니다.

수없는 날을, 수없는 밤을 하루도 자신을 사랑해 보지 않는 죄인, 자신을 일순간도 사랑해 오지 않은 죄인을 하늘과 사랑 속에서 눈을 뜨게 하였습니다.

"밤이면 밤마다 이 밤 영원히 잠들게 해주세요. 새날에 눈뜨지 않게 해주세요" 하던 죄인.

내면의 신명들을 다 죽인 죄인에게 본인 자신을 사랑하게 만들 수 있게 해주셨습니다.

살인자가 되어버린 죄인이었습니다.

그러다 하늘에서 얼마나 눈물을 흘릴 일들로 이 죄인을 용서하시려고….

"하늘이시여! 이 죄인 용서하소서. 제가 이제 하늘을 알았습니다."

이 길, 이 한 길 가는 길에 걸림 없게 해주소서. 이 생명 마지막 가는 날까지….

무인도 속의 고독, 그 슬픔에서 나를 건져 주신 하늘이시여, 감사 또 감사드립니다.

코스모스 어우러진 가을 길에서 내 마음의 속삭임을 들을 수 있음을 감사드립니다.

모든 아름다움과 사랑, 행복, 시련 속에 행복을 느끼며 하늘에 감사, 또 감사드립니다.

세상을 볼 때 밝은 마음으로 온 하늘과 우주와 하나가 될 것을 다져봅니다.

— 수진 올림

부선의 글

세상은 나와는 아무 상관없이 지나고 있습니다.

세상을 보는 나는 그 속에 있으면서도 나와는 동떨어진, 아무런 상관없이 그냥 이 자리에서 흐르는 강물 보듯 그렇게 세상은 내게 무심하게 비춰졌습니다.

'삶이란 무엇인가, 올바로 산다는 것이 무엇인가, 정직하고 성실하게 산다면 다 되는 것 아니냐'는 그 마음은 어릴 적 제가 생각이라는 것을 하기 이전부터 마음 깊숙하게 자리 잡고 있었던 것 같습니다.

조금만 양보하고, 한 걸음만 뒤로 물러서서 나보다 더 힘든 사람을 보며 그 사람들을 보듬어 주고 싶은 마음이었습니다.

자라서 성년이 되어서부터 모두의 마음이 나와 같지 않다는 것을 알고 배신감 같은 것을 느끼기 시작하면서 비판적으로 세상을 보게 되었습니다. 아마도 정의감 같은 것이었을 겁니다.

종교는 마음이 바로 서면 필요 없다는 그런 제가 보잘것 없고, 평범하고, 선량한 장사하는 노 할머니의 인과이법이라는 말 한마디에 불도에 들어섰습니다. 그 후 어언 30여 년, 머리로는 생각으로는 모든 것이 논리정연했습니다. 허나 마음자리는 왜 그리 분노와 억울함과 비참이 떠나지를 않는지…. 마음을 닦는다는 것, 자신의 의지가 아닌 다른 큰 힘이 필요하다는 것을 웅천선원에 와서 눈을 뜹니다.

그동안의 괴로움은 이곳으로 오기 위한 임시거처였다는 것을 처음에는 아무 생각 없이, 무엇을 느끼지도 못하였습니다. 하지만 세 번, 네 번, 다섯 번, 여섯 번, 불과 열 번도 안 되는 선생님의 가르침에 매일 아침 눈을 뜨면 서러움으로 눈물을 흘리며 시작한 하루가 아닌, 눈을 뜨면 차분하고, 고요하고, 마음 편안하게 일어날 수 있다는 것에 경이로움을 느꼈습니다. 시렸던 마음이 따뜻함으로 채워지는 것을 느끼기 시작합니다.

하늘마음, 그것은 스승의 마음입니다

하늘은 항상 슬퍼하고 계십니다.

조금이라도 마음을 놓으면 그만큼 하늘마음과의 거리가 생기기 때문에 오늘도 스승님은 노심초사, 전전긍긍 애태우고 계십니다.

— 부선 올림

화연의 글

어느 날, 전화 한 통을 받았습니다. 내 인생의 전화 한 통이었습니다. 계절은 푸른 봄날을 더해가고 창공은 너무도 아름다워 지고 있던 오월 말이었습니다.

내가 좋아하던 6월이 해마다 다가오고 있지만, 그날그날이 그날이고, 어제가 오늘이고, 무의미하고 무가치한 날들만 지내고 있었습니다. 아무런 희망도 소망도 바람도 없이….

'내 인생은 무엇인가. 나는 어디서 와서 어디로 가는가. 삶의 근원은?'

집 밖은 나가기가 싫고, 방에서 누워만 있고 싶고, 밥도 먹기 싫고, 온 세상이 시시하고 신기한 게 없고, 소중한 게 서서히 사라지고, 모든 것이 사라지고 또 사라져 버리고 있던 때였습니다. 그 전화 한 통은 뭔가 나를 끄는 힘이 있었습니다. '내 희망의 불빛, 뭔가 앞이 환해지는 느낌!'

저는 도반이라는 책은 보지도 않고, 듣지도 못하고, 이런 책이 있는 것에 대해 알려고 하지도 않았습니다. 아니 세상이 싫었습니다.

언니가 해준 전화 한 통이 저를 달려가게 했습니다.

저도 철학원, 선원, 절, 성당 등 이곳저곳을 50살까지 살면서 많이 가보았습니다. 갈 때마다 실망감, 자괴감, 괜히 저에게 짜증이 났습니다. 그래서 이제는 아무 데도 가지 않으리라 마음먹고, 이제는 나를 믿든지 아니면 정 할 수 없으면 내키지는 않았지만 예전에 다닌 성당이라도 가볼까 생각했습니다.

그러나 그게 아니었습니다. 제가 정도령 선생님을 뵙고 난 후 도반이라는 책을 읽기 시작했습니다. 바로 그것이었습니다. 내가 찾던 그 무엇인가…. 그 뭔가 있기는 한데 찾을 수 없었던 또 내가 누구에게도 물어봐도 대답해 주지, 아니 해줄 수 없던 그 대답을 책에서 보았습니다.

지금 이 글을 쓰는 동안 다시금 그날의 감동이 벅차오릅니다. 심장이 뛰고 '아~ 아 그래! 그래!! 맞아! 이거야.' 책을 보는 순간부터 지금 몇 달이 지났지만 이제까지 다른 책을 보지도 못하고 오로지 이 책만 붙잡고 있습니다. 처음에는 다 이해가 가고 납득이 가는 문구였지만 보면 볼수록 어려워지더군요. 하지만 손에는 시간만 나면 이 책이 쥐여져 있습니다. 아직도….

영원히 이 책을 놓지 못할 것 같습니다. 저에게 이런 삶의 의미와 기쁨을 주신 정도령 선생님, 정말 감사합니다.

— 화연 올림

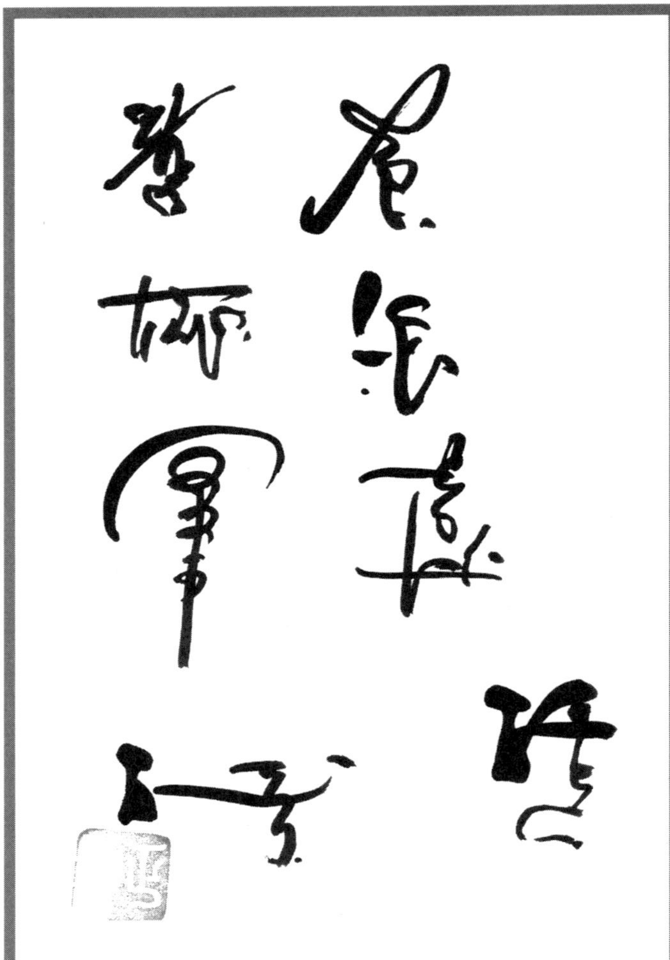

"천문"

선주의 글

제가 이 길을, 이 하늘을 알게 된 건….

무엇이 저를 이곳으로 이끌어 주었는지….

아직은 제가 죽음으로 가는 길이 아니었는지….

아직도 하늘의 깊은 뜻을 모르지만 저는 이 길을 가야 한다는 것을….

하늘공부가 무엇인지 모르지만 머리로 하는 공부가 아니라 마음으로 하는 공부이기 때문에 책도 없고, 스승도 없고, 그저 자기 자신과의 싸움으로 자기를 찾아야 한다는 것입니다.

자기 자신의 길을 찾아야 하기 때문에 사람마다 다 다르고, 정답은 없고, 그저 마음을 자꾸 비우고 버려야 한다는 것입니다. 그것조차도 하늘의 뜻이고 하늘에서 해주어야 한다는 것이며, 철저히 혼자라는 것입니다. 그 외로움이 싫어서 정말 힘들어서 이곳을 찾은 지금 그 외로움을 이 공부에서조차 필요하다는 것을 알았습니다.

나의 문제가 무엇인지, 끝없이 나를 이렇게 하는지, 어떤 게 영적이고 어떤 게 인간적인지, 아직은 미숙한 공부를 하는 제가 무엇이라고 단정 지을 수 없습니다. 이 공부는 끝이 없다는 것이며, 죽을 때까지 짊어지고 가야 한다는 것입니다.

5월의 어느 날, 몸과 마음이 정말로 손 하나 까딱할 수 없을 정도로 모든 기운이 빠져 있었습니다. 아무것도 모르는 제가 느낄 정도의 그런 상태에서 나의 심장을 복받치게 하고, 아프게 하고, 슬프게 하고, 분노하게 하는 그 무엇인가가 있었습니다. 하지만 그것을 알고 있는 상황에 신문에서 순간적으로 본 선생님의 모습에서 무언가가 남 같지 않은 그런 기분이 들어 한 번의 망설임 끝에 전화를 하게 된 그 시간….

저는 한줄기 빛을 본 것처럼 나의 몸과 마음은 생전 처음 가보는 김포로 달리고 있었다. 그 길은 막힘없이 나를 안내해 주었습니다. 그리고 선생님을 뵌 순간, 한없이 다가오는 친밀감에 마음은 벅차올랐고 그 기분이, 그 느낌이 무엇이었는지 이제는 알 것 같습니다.

그것을 알았기에 이제는 아무런 번민 없이 제게 주어진 길을 하늘의 뜻에 따라 가려고 합니다. 철저히 하늘의 뜻에 따라….

— 선주 올림

화빈의 글

나는 이 세상에서 가난하고 외롭고 높고 쓸쓸하니 살아가도록 태어났다.

그리고 이 세상을 살아가는데 내 가슴은 너무도 많이 뜨거운 것으로 호젓한 것으로 사랑으로 슬픔으로 가득 찬다.

하늘이 이 세상을 내일 적에 그가 가장 귀해하고 사랑하는 것들은 모두 가난하고 외롭고 높고 쓸쓸하니 그리고 언제나 넘치는 사랑과 슬픔 속에 살도록 만드신 것이다.

초생달과 바구지꽃과 짝새와 당나귀가 그러하듯이

— 중략 —

— 백석 〈흰 바람 벽이 있어〉 중에서

불혹의 지금이 자꾸만 미혹에 빠진다. 과거세의 진저리나게 어리석었던 습 탓일 게다.

생명의 반대말은 죽음이 아니라 죽임이라고 했던가.

내 몸의 기운은 저항할 아무런 힘없고, 영혼은 웅크린 짐승의 꼴이고, 살을 뜯어먹으려 몽둥이로 패대기 당하고도 다시 부르는 주인에게로 충직하게 달려가는 누렁이 개 이야기를 안다. 배신과 기만, 평화로움에 공헌하지 못한 무능함, 친구에게 상처 준 비굴함, 친구와의 서로 다른 종교관으로 비난했던 오만함, 반성하는 나날들 속에서 위축되어버린 심장의 압박감…. 삶의 고통의 바다에서 표류한다.

떠나고 싶었다. 내 안으로… 걸어 들어가 컴컴한 혼란을 헤치며 잃어버린 내면의 끈을 찾아서 돌아와 살아보고 싶었다.

자연은 사람을 치유하는 최고의 의사라는 말처럼, 내 온몸을 통하여 땅과 흐르는 물, 태곳적 바람 소리의 고향의 역사를….

나 온전한 자연이 되어 드넓은 우주를 항해하면 별들도 다소곳이 길을 열어 준다던가.

내 휘청거리는 걸음을 환하게 내딛을 수 있는 별의 징검다리….

유년기에는 복잡하고 무서운 욕망의 음모가 똬리를 틀고

앉아 이쪽으로 집어삼킬 듯 혀를 날름대던 불행한 가족사를 피할 수 없었고, 사랑하는 연인으로의 도피는 스스로가 만든 함정이었고, 부조리의 연장선상에 놓여있었다.

그렇게 지내는 동안 나름대로의 중심을 잃지 않으려 찻잎 향을 따라서 다도의 고요함과 불교경전에 흠뻑 매료되어 붓다의 말씀을 구원처럼 의지하고 있었다.

그러나 그 영혼의 울림의 광맥을 캐낼수록 나로서는 풀 수 없는 진리의 빛은 미궁 속으로 더욱더 멀어져 가고, 타는 가슴은 재도 되지 못하여 불안의 발자욱에 짓이겨지는 한 같은 서러움에 아파할 때, 쓰러져가는 숨은 힘 위에 마지막 축복처럼 발견하게 된다. 영적인 나침반을!!

미국 CIA가 다른 나라의 경전은 다 가져가 해석을 했지만 해석을 못했다는 '하늘의 부호를 담은 경전, 천부경'을 신화 같은 기도와 수행만으로 해독하고 영혼의 초월성으로 신비의 아우라를 풀어놓은 선생님 책에 이끌리어 문 없는 문을 두드렸다.

우리나라 한민족의 뿌리인 단군 조상님의 홍익인간의 정신은 민족과 세상을 구할 수 있다는 비전을 경이로움으로 공부하고, 고단하고 미쳐 날뛰는 마음과 억압되어 있던 영성이 해방되고, 몸의 세포들이 환희에 눈물이 젖어들던 도반들은 잃어버린 나를 찾으러 가는 길에 공감할 외롭지 않을 아픔이요, 꽃들이었다.

티끌조차 없이 막힌 기운이 다 열리어 우주적 감흥 속에서 춤추고 노래했다는 한민족 조상님의 치유의 우주를 그리워하고, 절실하게 사랑하는 공부를 하는 것은 절벽 끝에 오롯이 앉아 깨달음을 향한 수행자의 목숨처럼 뜨거운 영혼을 만져보는 생명의 영광이 될 것이다.

하늘의 아름다운 권리로 지어주신, 화빈! - 진정한 인간으로 살아가면서 사람들의 마음의 거처를 편안케 하라는 뜻이었지요 - 모든 슬픔이 신명으로 피어날 새싹이었습니다.

선생님의 4권째 책을 펴내심을 숙연하게 감축 드립니다.

— 화빈 올림

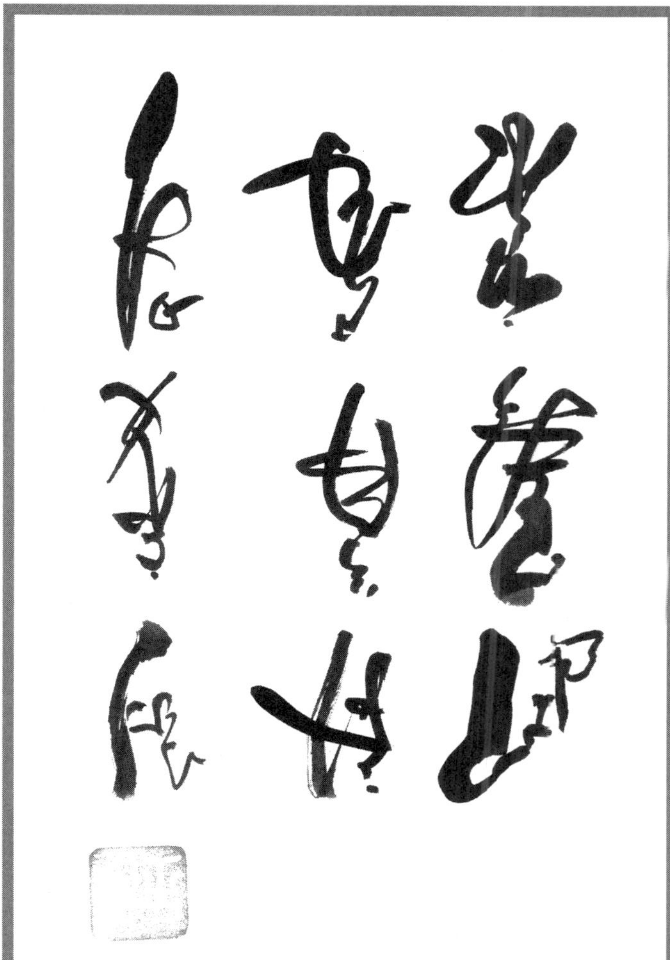

"천문"

명공의 글

사람이 살아가다 보면 한 번쯤 다른 세상이 있지나 않을까 하는 생각을 하게 되는 것이 사실입니다. 저 역시도 끊임없이 보이지 않는 세계에 대한 생각에 사로잡혀 있었습니다.

그러던 중 우연히 몸에 기를 느끼게 되었습니다. 물론 그 전에 기에 대해서 들어본 적은 있었으나 누구에게 배운 적도 없었고, 혼자서 수련한 적도 없었는데 정말 신비한 경험들이었습니다. 그때는 정말 특별한 초능력을 경험하는 듯 했습니다.

그 후 저는 나름대로 제가 느끼는 것이 무엇인지 알아내야겠다는 생각에 동분서주했습니다. 그러나 도움을 청하기 위해서 만났던 모든 분들은 저의 갈증을 해소시켜 주지 못했습니다.

차츰 시간은 지나고, 다른 사람들에게 도움을 구하는 것조차 지쳐갈 때쯤 정도령 스승님을 알게 되었습니다. 그때 저는 "이분만 만나보고, 별 다른 성과가 없으면 다시는 다른 사람들을 찾아다니지 않겠다"는 단호한 생각을 하고 있었습니다.

그런데 처음 상담을 받던 날에 스승님께서는 멀리서 손으로 저의 머리에서 발끝까지 훑으시고는 어떤 기운이 있다고 하셨습니다. 잠시 후 스승님께서 이번에는 네가 나를 한 번 훑어보라고 하셨습니다. 그런데 뭔가 특별한 기운이 있다는 표시가 나왔습니다. 그래서 내심 보통 사람은 아니라는 생각을 하고 있는데, 스승님께서 당신과 저의 차이점에 대해서 자세히 말씀을 해주셨습니다.

그날 이후 스승님의 그늘 아래서 하늘공부를 시작하게 되었습니다. 사람들이 흔히 말하는 마음공부를 시작하게 된 것입니다. 마음공부를 시작하게 되면서 저에게 일어났던 변화들은 아주 많았습니다. 그 중 몇 가지만 말씀드리자면,

첫째, 지난 삶을 반성하게 되었습니다.

화가 났던 일, 부끄럽던 일, 다른 사람들과 다투던 일, 누군가를 미워했던 일 등을 떠올리며 그 순간순간들을 반성했습니다. 무슨 일을 하던 자신을 반성하는 작업이 선행되어야 한다는 것을 알게 된 것입니다. 그리고 그 반성의 효과는 정말 대단했습니다.

둘째, 저의 나쁜 습이 무엇이 있는지를 찾아내었습니다.

건방진 마음, 모든 것을 내 기준에 맞춰서 보려는 마음, 화를 내는 마음 등 찾고 보니 너무나 많았습니다. 이 모든

것을 없애지 않으면 제 인생은 절대로 바뀔 수 없다는 생각이 들었습니다. 그래서 어떻게 하면 이 모든 것을 지워 버릴 수 있을까 고민을 하게 되었습니다.

셋째, 사랑, 감사, 배려하는 마음 등이 해결책이라는 것을 알게 되었습니다.

나쁜 습들을 없애기 위해 이제껏 살아오면서 너무도 생소했던 사랑, 감사, 배려하는 마음들을 실천하면서 저는 조금씩 바뀌기 시작했습니다.

결국 인간답게 살아가는 것이 답이라는 것을 알게 되었습니다. 그리고 모든 문제와 답은 내 자신 안에 있다는 것도 알게 되었습니다.

그러나 많은 사람들은 문제와 답이 모두 밖에 있다고 생각을 합니다. 자신이 이렇게 사는 것이 주위 환경 탓이고, 그 해결책을 찾으려고 이리저리 수십 년을 헤매며 다니기도 합니다.

물론 저 역시도 마찬가지였습니다. 제가 조금 바뀌고 나니 알게 된 것입니다. 어쩌면 너무나 당연한 것을 왜 이제껏 모르고 살아왔는지 지난 세월이 너무 한심하기도 하고, 안타깝기도 하였습니다. 하지만 긍정적으로 생각을 하면 이제라도 알게 되었으니 참으로 다행한 일이었습니다.

인간이 인간답게 바로 서지 못하면 할 수 있는 일은 없습니다. 잠시 잠깐 잘될 수는 있어도 그것은 결국 언제 무너질지 모르는 사상누각과 별반 차이가 없습니다.

도를 닦고, 마음공부를 하는 사람들 중 많은 분들이 보이지 않는 무언가를 찾아 헤매고, 특별한 능력이 생기기를 염원하며 기도에 정진합니다.

하지만 자기 자신을 먼저 확실히 알아야 합니다. 그리고 인간답게 살아가는 것이 바로 모든 진리를 내포하고 있다는 것을 알아야 합니다.

왜냐하면 자신을 바로 알고, 인간답게 생활하다 보면 다른 것들은 자연스럽게 알게 되는 것이고, 특별한 능력들을 부수적으로 따라오는 것이지, 목적이 될 수 없기 때문입니다.

어리석고, 어리석은 저를 큰 사랑으로 대해 주시고, 참 인간으로 만들어 주신 스승님께 감사드립니다. 단군할아버지, 환웅할아버지, 환인할아버지, 하늘, 우주에 감사드리고, 모든 영과 신들에게 감사합니다. 그리고 모든 도반님들께 감사드립니다.

— 어리석은 명공 올림

멋진 세계와의 만남

기나긴 세월을 어두운 터널 속에서 방황하다 보니 희망도 내일도 없는 상태에서 이제 나는 어디로 가야 하고, 무엇을 할 것인가를 수없이 고뇌해 오던 중이었습니다.

어느 날 신문광고에서 도반이라는 책이 확연하게 눈에 들어와서 즉시 서점으로 달려갔습니다. 이렇게 도반을 통하여 스승님과의 만남이 시작되었고, 저의 인생이 새롭게 시작되는 날이기도 했습니다.

처음 도반 책을 펼쳤을 때 책 속에서 氣가 나오는 것과 신선한 내용에 놀라움을 금하지 못하여 즉시 책을 구입하여 도반 3편을 즐거움과 호기심 속에서 읽어 나갔습니다.

도반 책을 읽어나가면서 머리가 많이 맑아지고, 답답한 가슴이 풀려 나가는 놀라운 현상을 느꼈습니다(이 부분은 제가 마음공부를 시작 전에 경험하였기에 오해가 없었으면 합니다).

특히 "수행으로 가는 길" 부분을 여러 차례 반복하여 읽으면서 내가 그동안 인간의 기본적인 도리도 지키지도 못하고 살아왔다는 점과 수행방법과 기도자세 등 많은 부분들이 크게 잘못되어 살아왔음을 알게 되었습니다.

꼭 한 번 도반 저자 선생님을 뵙고, 정도(正道)로 가는 삶의 지혜를 배우고 싶었습니다.

벌써 스승님 밑에서 마음공부를 시작한 지 3달이 되어갑니다.

몸과 마음을 단련하고, 미래를 새로 시작하고저 하는 일념으로 짧은 기간 동안의 기숙을 자처하면서 마음공부를 시작했는데, 불과 10여 일 지나면서 내 자신이 이렇게도 변해가는 모습에 놀라웠습니다. 더 확실하게 마음공부를 하고저 하는 의욕과 함께 스승님의 배려로 지금까지 마음공부를 계속할 수 있었습니다.

제가 마음공부를 하면서 변화되고, 느낀 점을 간략하게 소개하고저 합니다.

하나, 원망하고, 미워하고, 분노하는 마음이 사라져가고 사랑할 수 있는 여유가 생겼습니다.

둘, 그렇게 교만하고, 잘난 체하고, 함부로 말하던 경솔함이 사라져가고, 점점 겸손해지고, 마음이 넓어짐을 느끼게 됩니다.

셋, 답답함이 사라지고 그동안 잃어버렸던 희망, 행복,

웃음과 여유가 살아나기 시작합니다.

넷, 나 자신의 욕심만을 추구하던 좁은 생각에서 벗어나 이제는 먼저 남을 배려할 수 있는 더 넓고 깊은 마음이 생겨났습니다.

다섯, 항상 결단력이 부족하고 우유부단하던 내가 이렇게 짧은 기간 동안에 인내와 참을성을 배웠고, 용기와 결단력과 자신감으로 충만해져 있고, 더 유연해지고 더 지혜로워가는 나의 모습을 보게 됩니다.

여섯, 저는 지금까지 기도하고 수행하는 일체를 내가 혼자서 열심히 하고, 정성을 다하면 잘 되는 것으로 알고 있었으나 마음공부를 하면서 자신의 지식을 내세우지 않고 자랑하지 않은 자세를 가질 때 저절로 "내면이 하늘과 연결하여 스스로 수행도 하고 기도를 한다"는 가장 귀중한 진리를 알게 되었습니다.

지난 3개월 동안의 수행을 통하여 이제까지 저의 잘못된 고정관념, 상식, 생각들을 모조리 깨트려 주셨고, 새로운 모습으로 살아갈 수 있도록 현재의 저를 만들어 주시고, 항상 아낌없이 사랑해 주시는 스승님의 은혜에 감사드립니다.

끝으로 견디기 힘들어 하고 흔들릴 때마다 이겨낼 수 있도록 격려와 용기를 주신 웅천선원의 여러 도반들에게 감사함을 전합니다.

— 제자 세훈 올림

"천문"

'하늘은 이 글을 쓰기를 얼마나 기다렸을까?' 생각하며

어느 날 거실 소파에서 신문 〈도반, 靈과 神과 氣의 세계〉 광고를 보고 나는 머리가 띵하고 뭔가 망치로 얻어맞은 기분이었다. '아차, 그동안 내가 찾고자 하던 길이 여기에 있구나' 하고 나는 무척 설레었다.

그래서 바로 서점에 가서 도반 1,2를 사서 미친 듯이 보고났더니 그동안 여러 책들을 보았지만 〈도반〉은 작가의 체험과 인간이 아닌 영으로 인간들을 깨우치기 위한 글이라는 것을 알고, 나의 마음 한구석은 든든한 마음으로 차기 시작했다.

그동안 나는 운동 삼아 108배를 매일 한 번씩 집에서 하면서 마지막 절에서 1,500일을 마치고 상담을 위해 스승님께 전화하였더니 언제 오려고 하느냐고 물으셨다. 나는 다음날 10시까지 가기로 약속했다.

다음날 9시에 웅천선원에 도착하여 스승님을 뵈었다. 스승님은 내 내면을 일깨우고 천어·천서를 쓰는 것을 가르쳐 주셨고 나는 천도제 날짜를 잡고 왔다.

사실 나는 천도제 비용도 없었지만 하늘에서 선택이 되었다면 어떻게 해주시겠지 하고 걱정이 되질 않았다. 다행히 선배님의 도움으로 비용은 해결이 되었다. 천도제는 하늘의 제자가 되겠다는 신고식이다. 나는 그동안 잘못 살아왔다는 자괴감에 눈물을 흘리고 나니 모든 것이 후련하였다. 막내 동생과 풍수 도반이었던 최약사 님이 참석하셨다.

천도제 후 2박 3일 동안 기숙 공부를 하였는데 첫날은 선원에서, 다음날은 부산 해운대로 기도를 떠나게 되었다. 나는 스승님과 다른 선배 순영, 마리아 님과 같이 벤츠 승용차로 서울역에 가는 중에 청담대교를 지났을 때였다.

차에 타자마자 스승님은 천어를 크게 하라고 하셨고 나는 천어를 하는 중에 기침을 한참 하고 눈물을 흘리고 난 후 어느새 내 가족, 형제, 주위 친구, 지인들을 생각만 하면 그 사람에게 하고 싶은 얘기가 막 나오는 것이었다. 한참을 하고 나니 스승님이 터졌다고 말씀하신다. 뭐가 뭔지 의아해 하면서도 앞으로의 공부가 기대가 되었다.

해운대역에 새벽 4시 30분경에 도착할 때까지 다른 도반과 함께 공부를 하면서 하늘 여행을 하게 되었다. 스승님과 사우나에 들렀다가 바닷가에 나갔다. 아침바다에 출렁이는 파도에 멀리 수평선 위에 떠오르는 해를 보면서 전 세계의 기운을 온몸으로 받았다. 아침식사 때는 식사 중에 수저가 나도 모르게 움직이지 않았다. 한참 후에 스승님이 걸어놓은 기운 때문이었다는 것을 알았다.

서울에 도착 후에는 한강 뚝섬에 나가서 자연과 대화하는 공부를 하였다. 그때는 강 건너 코엑스, 종합운동장, 롯데월드, 워커힐, 광진교 등이 생각만 하면 나에게 메시지를 전해주었다. 너무나 신기하였다.

2박 3일간의 기도가 끝난 후에 나는 스승님께 4배 절을 하면서 "하늘을 알게 해주셔서 감사합니다"라고 하였다. 그동안 공부를 하면서 나는 많이 행복했었다.

많은 사람들이 하늘의 길을 몰라 이곳저곳 헤매다가 돈 잃고, 건강 잃고, 가정 깨지고 난 후에 마지막으로 오는 곳이 선원인데 그것마저도 하늘의 선택이 있어야 온다는 것이다. 나에게는 그런 것이 적었기에 정말로 하늘에 감사하는 마음으로 살아간다.

공부를 하면서 도반 책을 읽으면 읽을 때마다 내용이 달라졌고, 때로는 졸린 것처럼 눈을 못 뜰 정도로 자꾸 감겨 꼬집어보기도 하고, 나가서 세수도 해보고 하였지만 아무 소용이 없었다. 책에서 많은 기운이 나오기 때문이라는 것을 후에 알았다.

공부 후 며칠이 지난 11월 3일 날이었다. 꿈에 스승님이 하남에 있는 검단산에 갔다 오라고 하셨다. 잠에서 깨니 새벽 5시, 날이 새기를 기다렸다가 검단산 밑에 주차장에 가니 오전 7시였다.

나는 왜 갔다가 오라고 하였을까 하면서 산에 오르는데, 한참 올라가다가 유길준 묘역에서 공부를 하고 약수터로 가게 되었다. 아침 산길은 너무나 조용하였다.

약수터에 다다를 무렵 길 양쪽에 바람도 없고 조용한데 일시에 낙엽이 우수수 소나기 오듯이 떨어지는 것이 아닌가. 주위에 보이는 시야의 모든 나무에서 낙엽이 떨어졌다. 하늘에 물어보았다. "왜 그러느냐"고 하였더니 하늘에서 내리는 꽃비라고, 너에게 축하해 주기 위해서 하는 것이라고 하였다. 나는 너무나 황홀했다.

약수터에 도착하여 편안한 마음으로 벤치에 앉아 있었는데 어디에서 다람쥐 한 마리가 가까이 왔다. 나는 다람쥐와 천어로 대화를 10여 분간 하였다. 다람쥐는 대화를 알아듣는 듯 고개를 끄덕이고 있어 너무나 신기하였다. 내려오는 길에는 등산로에 버려진 쓰레기를 주워서 양손에 들고 내려왔다. '하늘은 여러 가지를 공부 시키는구나' 하며 기분 좋게 다녀왔다.

공부를 시작한 20여 일이 지난 후 목요일이었다. 아침에 일어나 단군할아버지 앞에 앉았을 때였다. 단군할아버지께서 주위에 공장하는 친구가 있는데 그 친구에게 11억 2천만 원이 날아갔다 하는 것이었다. 그 사람은 그렇게 많은 돈도 없고 주일마다 로또를 열심히 사는 친구였다.

그 사람에게 도반 책 1, 2권을 사보라고 하였다.

열심히 공장은 돌아갔지만 그렇게 수입은 넉넉지 않아서 내가 단군할아버지에게 여쭈어보니 도봉산에 5번을 갔다오라고 말씀하셨다. 친구에게 말해 주었는데 10여 일이 지난 후에 혹시나 해서 친구에게 물어 봤더니 어제 오후 4시경에 도봉산 밑에 주차장까지만 갔다가 산에는 못가고 국수만 먹고 왔단다.

11억 2천만 원이라는 말이 자꾸만 뇌리를 스쳤다. 일요일이었다. 로또 발표를 보니까 1등이 11억 2천만 원이었다. 깜짝 놀라면서 아쉬웠다.

2년 여 하늘공부를 하면서 지키지 못할 것, 함부로 이야기해서는 안 된다는 것을 여러 번 체험하였다. 하늘은 듣고서 실행에 옮기지 못하면 더욱 힘들어진다는 것을, 그밖에도 많은 체험 공부를 시켜 주시고 그리고 생활의 지혜를 내게 많이 주셨다.

공부 시작 후 100여 일이 지난 후 하늘은 나에게 웅천선원이라는 간판을 천호동에 내려주셨다.

부족한 것이 많기에 하늘의 마음을 찾아오는 이에게 전하고자 노력하고 있으며 미력하나마 최선을 다하겠습니다. 스승님께 감사드립니다.

제자들을 공부시키기 위해 밤에도 2, 3시까지 또는 날을 새 가면서 생활하시고, 나쁜 기운을 몸소 거두어 천도시키면서 항상 제자들을 바른길로 인도하기 위해 오늘도 힘쓰시는 스승님, 항상 나라와 민족을 위하고 사회공동체를 위해 기도하시는 스승님, 문수는 항상 스승님이 건강하시길 빕니다.

— 중추절에 문수 올림

어느 날…

어느 날 갑자기 신문 하단에 나타난 광고문구 "도반"이라는 글귀가 내 가슴을 멈추게 하였습니다.

"이 책으로 깨닫지 못하면 하늘의 선택이 없는 것이다"라는 문구가 내 머리를 때리는 듯하였습니다. 그래서 저는 저자(정도령)에게도 전화를 걸게 되었지요. 그런데 뜻밖에 물음이 "책을 보셨습니까?" "아니요"와 동시에 전화는 툭 끊어졌습니다.

그 순간… 일생을 내 맘대로 살고 항상 내가 최고라는 생각으로 살아온 저는 몹시 화가 나서 그 길로 뛰어 서점에 가서 '도반1, 2권'을 구해 2일 만에 완독하고 선생님께 다시 전화했지요. 그제서야 내일(익일) 13시까지 오라는 답변을 얻었지요. 그때 시간이 오전 10시쯤인데 언제 내일 13시까지 기다리나? 하는 조바심이 일어나는데 참 기가 막힐 정도였습니다.

항상 바쁘고 또한 남의 일이라면 궂은일도 마다않고 해결하며, 평생을 금전 한 닢 구애 받지 않고 살아왔던 난데….

어찌 이렇게 조바심과 무언가 모르게 나를 어느 곳으로 끌고 가는 것만 같았습니다. 그래도 시간은 가고 기다리던 익일 아침에 목욕재계하고 선원을 향해 달렸습니다.

마침 그날이 매월 행사인 천제일이었습니다.

많은 도반들이 있었고 저는 처음 온 것인데도 친분이 두텁고 어디선가에 함께 있었던 사람들처럼 거리감도 없었으며 매우 반갑게 느껴졌습니다.

참, 이상한 일이구나… 생각하면서 선생님과의 첫 면담이 이루어지는 순간, '아! 이런 것이…' 하며 나도 모르게 지난 모든 일들이 주마등처럼 나의 뇌리와 마음에 꿈틀거리고 있는 것을 느꼈습니다. 그런 것들이 나를 이렇게 만들고, 수많은 고통(심장 수술)을 주며 손짓을 해도 모르고 살아온 내가 참 한심스럽고 불쌍하게 느끼는 순간 "이제부터 시작"이다라는 말이 내 가슴을 터지게 하였습니다.

그 길로 도반 대열에 입적하면서 공부를 시작하였지요.

수많은 유혹과 엄청난 고통도 따랐지만 혼자서 깨닫고, 혼자서 답을 찾는 공부를 저는 묵묵히 이겨내며 지금까지 왔습니다. 참 긴긴 세월 같았습니다.

지금 생각하니 참 많은 변화가 있었습니다. 건강, 가정….

이렇게 글로써 모두 표현 못함을 안타까울 뿐입니다.

스승님! 감사합니다!

이제는 세상이 끝나는 날까지 하늘의 뜻에 따르는 모범적인 삶의 개척자가 되고자 묵묵히 공부하고 있답니다.

"스승님, 건강하세요!"

항상 이 제자는 스승님의 건강에 기도하고 정진하고 있습니다.

감사합니다.

— 제자 유청 올림

내 안의 스승님께

10월 중순 아침 가을날씨가 내 머릿속의 잡다한 생각들을 시원하게 쓸어 내줍니다. 머리가 비워지니 나의 내면이 환해집니다.

베란다의 분홍 꽃이 내 두 눈에 들어옵니다. 사랑초라는 이름의 하트 모양으로 생긴 푸른 잎이 선명히 보입니다.

"그동안 너는 어디 있었니? 어디 있다 여기에 왔니?"

자신의 모습을 아름답게 드러내고 있는 화초의 내면을 봅니다.

아파트 베란다 조그마한 화분 속에 뿌리를 내린 채 저토록 고운 빛깔의 꽃잎을 활짝 펴고 제 모습을 당당히 드러낸 꽃의 모습이 눈물겹습니다.

"나는 항상 여기에 있었어. 네 안에 있었어. 네가 나를 바라보아 주기만을 기다렸어."

* * *

그랬었나요, 스승님?

스승님은 항상 여기에 계셨고 내 안에 계셨나요?

그동안 나는 참 바보처럼 책방을 뒤지며 많은 책들 속에서 스승님을 찾았고 여기 있다, 저기 있다 하는 사람들의 말을 듣고 이곳저곳을 헤매었지요.

참으로 오랜 날들을 찾고 헤매며 기다렸지요.

스승님, 이렇게 제 앞에 모습을 드러내 주셔서 너무도 반갑고 고맙습니다.

* * *

2007년 1월 초, 드디어 스승님을 만나 뵈었습니다.

스승님은 김포 삼성아파트 자택에서 나를 기다리고 계셨습니다.

그날 오후 내내 스승님과 대화를 하며 나는 조금씩 그 긴 기다림의 껍질이 벗겨지는 걸 느꼈습니다. 머리는 텅 비어 천진한 아이처럼 마음으로 스승님을 끌어안았습니다.

온 마음이 한 치의 의심도 없이 "아, 여기 계셨었구나. 이렇게 나를 불러 주셨구나."

고맙고 반가운 마음에 가슴이 벅찼습니다.

스승님이 이렇게 해봐, 저렇게 해봐, 시키는 대로 어린애처럼 즐겁게 따랐습니다.

스승님과 함께 하는 동안 내 안에 어떤 알 수 없는 뜨거운 기운으로 가득 찼습니다.

그날 나는 벅찬 감격을 안고 집으로 돌아왔습니다.

* * *

스승님을 뵈온 지 열 달이 지난 지금까지 일주일에 두 번씩 선원에 가서 공부를 했습니다.

스승님을 뵙는 그날부터 스승님 댁에서 숙식을 하며 가르침을 받고 싶었지만 집안 사정이 허락지 않아 그렇게 할 수 없었었습니다.

스승님은 양파 껍질 벗겨내듯 나라는 껍질을 벗겨내 주셨습니다.

나의 내면이 서서히 밝아졌습니다. 하늘이 보였습니다. 나의 내면이 바로 하늘인 것을 깨달았습니다.

내 안에서 사랑이라는 이름의 꽃나무들이 뿌리를 내리고 키를 키우고, 꽃망울을 맺었습니다.

내 발걸음에 힘이 생겼습니다. 세상이 새롭게 보였습니다.

고통과 외로움과 슬픔이 무엇인지, 그것이 왜 나에게 왔었는지 알게 되었습니다.

하늘은 항상 나와 함께 있었고, 내 눈에 보이는 모든 것이 하늘인 것을 알게 되었습니다. 그동안 나라는 껍질이 하늘을 가리웠던 것이지요.

나는 눈 뜬 장님이었고, 귀머거리였습니다.

이런 나를 불러 주셔서 눈을 뜨게 해주시고, 귀를 열어 주신 선생님, 고맙습니다.

— 제자 삼연 올림

양박의 글

"우리는 일상생활을 살아가면서 각자 기도를 많이 하고 살아가지만 과연 제대로 알고 기도하는 사람들이 몇 명이나 될까" 하는 생각이 듭니다. 정말 본인들한테 맞는 기도를 하고 있는지 전 그것이 궁금했어요.

그러던 어느 날, 남편이 신문에 정도령 선생님 광고를 보고 전화했습니다. 찾아뵙겠다고 했더니 책을 봤냐고 물으시기에 아니요 했더니 바로 전화를 뚝 끊으셨어요.

그리고 며칠 후 이번에는 남편이 다시 전화를 했어요. 책을 주문해 놓고 급하게 상의할 문제가 있으니 시간을 좀 내달라고, 찾아뵙겠다고 사정을 해서 어렵게 약속을 하고 그날로 달려갔습니다. 그런데 우리는 쳐다보시지도 않고 제자들만 공부시키시고 분위기가 너무나 어수선해서 그날은 집으로 돌아왔습니다.

그리고 며칠 후, 구정이 다가와서 과일을 한 박스 사가지고 인사하러 갔는데 그날 역시 마찬가지였어요. 그런데 유청 선배님으로부터 많은 얘기를 듣고 다시 선생님께 상담을 요청했습니다. 그리고 다음날에 가서야 상담을 해주시고 천도제 날짜도 받고 돌아왔습니다.

저희들은 누구보다도 힘들게 선생님을 만나 뵙게 되었습니다. 왜냐하면 책을 먼저 보고 상담을 해야 하는데 책도 보지 않고 상담을 신청하니 거절당한 거죠.

지금은 하늘공부를 하다 보니 그때의 일들을 이해할 것 같아요. 선생님이 왜 그러셨는지를….

그래서 저는 2007년 2월 22일 2시에 선생님한테 천도제를 지내고 하늘공부를 하게 되었습니다. 처음에는 정말 뭐가 뭔지 너무 혼돈스럽기도 하고, 이상한 종교단체가 아닌가 싶기도 해서 처음 며칠간은 고민스러웠습니다.

몇 번 선생님을 뵙고 정말 일반 사람이 아니구나 하는 것을 느꼈습니다. 매일 매일 생활하시는 것을 보면 모든 것이 영적으로 생활하는 것 같고 신기한 것도 많았습니다.

집을 이사해야 한다기에 갑자기 집을 내놓고 다른 집을 계약을 했는데 경기침체로 집이 매매가 전혀 없어서 무척 걱정스러웠습니다. 그래도 한편으로는 할아버지께서 다 해결해 주시겠지 하는 마음에 든든한 마음은 있었습니다. 그런데 며칠 앞두고 그 문제를 해결해 주셨습니다. 그런 걸 보면 우리 인간들은 아무것도 모르고 해결할 수 없는 것을 해결할 수 있다는 착각 속에 살아가는 것 같았습니다.

부부싸움 하는 것도 다 하늘에 뜻이 있었기에 그런 것을 모르고 서로 미워하고, 원망하고 살았구나 하는 것도 이젠 알게 되었습니다. 그런 것을 알게 되니까 남편한테 고마움도 느껴집니다. 왜냐하면 "나를 공부시켜 주었구나"라는 걸 알게 되었으니까요.

이 모든 것이 나의 잘못이라는 것을 아니까 나로 인해 불편을 느꼈다는 모든 분들에게 죄송한 마음이 들면서 고개가 숙여지더라고요. 남편도 너무나 성격이 강한 사람인데 어느 날 선생님께서 조상 천도를 해주시고 본인이 느끼게끔 공부를 시켜 주시는 것을 보고 감동의 눈물이 나오더라고요.

그 후로 남편도 예전 같지 않고 모든 면이 많이 부드러워졌고, 지금도 선원에 와서 선생님이 소감만 시키면 먼저 눈물부터 흘려요. 본인도 모르겠대요. 왜 눈물부터 나오는지를…(하늘이 하는 일을 어찌 인간이 알겠습니까?).

눈물을 흘린다는 자체가 내면은 회계한다고 생각됩니다. 정말 신기하고 감동적입니다.

내면을 알게 해주시고, 영을 알게 해주신 선생님께 다시 한 번 감사드립니다.

회사직원 문제가 있었는데 너무나 큰 사건이었습니다. 감히 우리가 상상하지 못할 법행을 저지르고 있었는데 그것을 할아버지께서는 미리 알고 계셨기에 저희한테 자연스럽게 밝혀지도록 근거자료들이 하나하나씩 드러나게 하였습니다.

그러면서도 용서의 마음을 갖게 해주시고 주위에서는 해결을 잘할 수 있도록 도와주는 사람도 보내주셨습니다.

저는 이번에 너무너무 고맙고 감사하는 마음이 들었습니다. 할아버지께서는 미리 모든 것을 준비해 놓으시고 일을 터뜨리게 하셔서 해결해 주신 것을 보면 정말 하늘은 너무도 오묘하고 신기하구나 하는 것을 다시 한 번 느낍니다.

우리 생활 속에서는 항상 하늘에서 지켜봐 주시고 내려주셨건만 우리 인간들은 너무도 모르고 현실 속에서만 살아가기 급급해 합니다. 이런 것을 보시는 선생님께서 항상 답답하다고 하시는 말씀을 지금은 이해할 것 같습니다.

저는 이제라도 선생님을 통해 하늘과 단군할아버지를 알게 됨에 얼마나 행복하고 감사한 마음인지 모릅니다.

선생님, 감사합니다.

— 양박 올림

제8장

우주 속의 우주

"천서"

우주 속의 우주

인간의 마음을 흔히 우리는 소우주라고 한다.
그러므로 우리는 우주를 우리들의 어머니라 하는 것이다.
그래서 소우주는 어머니를 알아가는 것이다.
같은 곳에 있다고 생각하면 저절로
영적공부가 되는 것이다.
누구나 우주를 알고 싶어 하는데 소우주를 안다면
우주는 저절로 알려 줄 것이다.
소우주는 인간의 뇌를 조종한다.
소우주는 인간이 살아가는 방법을 알려 주고 있다.

제9장

내가 만난 사람

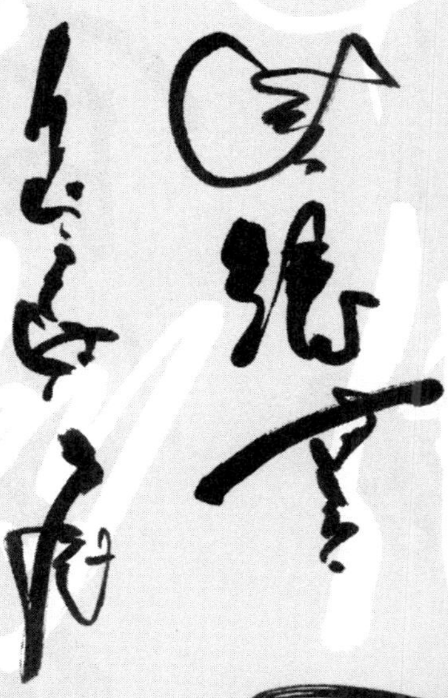

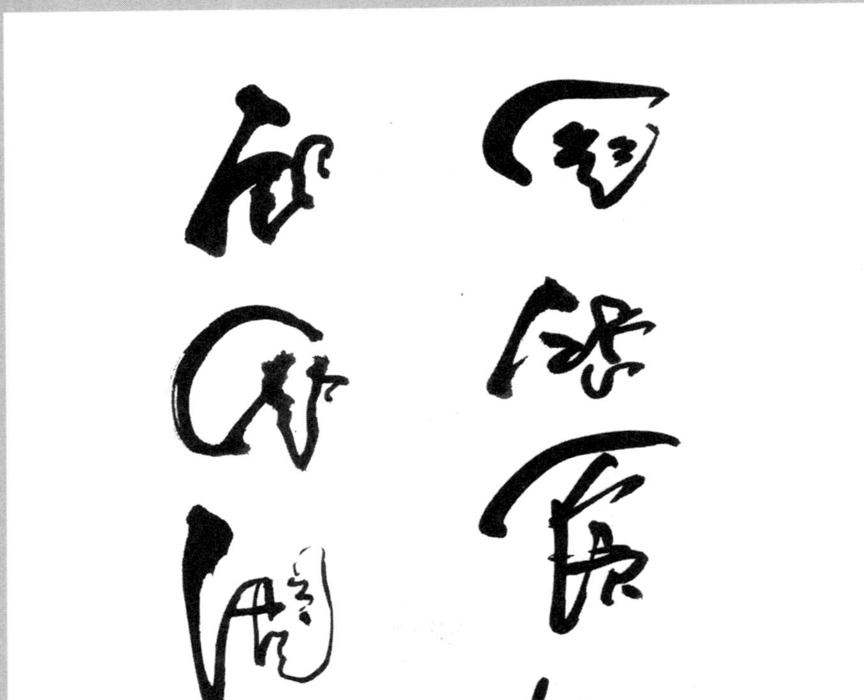

“천서”

윤희

이 아이는 28세의 여성이다. 정신과 약을 4년간 복용하고, 부산으로 강릉으로 물건 팔려가듯이 기도원으로 여기저기 치료를 위해 안 해 본 것이 없다고 한다.

어느 날 나의 저서 도반이라는 책을 보고 아버지가 문의를 해왔다. "우리 아이가 이런데 어떻게 병이 날 수 있게 하는 방법은 없는지요" 하시며….

난 전화 속으로 "그 아이는 이렇습니다" 하고 답을 해주었다. 이내 그 아버지는 환자를 데리고 오셨는데 물론 인간으로서는 바로 살아갈 수 없을 정도로 모든 것이 망가져 있는 상태였다.

사실 이 아이를 고친다는 것이 참으로 힘이 들었다.

정신과 약을 복용했던 사람이 약을 끊게 되면 언젠가는 다른 방향으로 병이 오게 되어 있다. 난 의사는 아니지만 영적으로는 의사가 못 고치는 것을 고치곤 했다. 다만 의사가 아닌 관계로 의사가 하는 행위를 벗어나 환자를 고친다. 어떤 때는 이해가 안 되는 것도 많다. 내가 해놓고도 그렇다. 역시 하늘의 힘은 대단하다.

의사가 아닌 사람이 환자를 고친다는 것을 말도 안 된다.

환자는 환자가 아니라 빙의가 된 것이었다. 그것을 모르고 병원에서는 약으로만 고치려고 애를 쓴 것이다. 어떻게 영적인 병을 약으로 될 수 있단 말인가?

수년 동안 환자는 거의 만신창이가 되어서야 나를 찾아온 것이다. 오늘도 환자는 발이 끊이지 않고 오는 편이다.

빙의를 고친다는 곳도 영적으로 보면 우리나라에 몇 군데 있다. 그래서 영적인 병을 고친다는 것을 어떤 것으로도 표현하기란 알 수 없는 정신세계이다.

이 아이의 정신세계는 인간의 머리로는 상상할 수 없을 정도로 엉뚱한 것이었다.

우선 이 아이는 어느 날 하늘에서 윤희라는 이름을 내려주셨다.

2007년 2월달이었다. 윤희를 영적으로 살펴보기로 했다. 정신과 약을 4년간 먹어서 그런지 내 말을 이해하지 못했다. 세월이 흐르면서 윤희는 서서히 낫기 시작했다.

그러나 평범한 사람들이 본다면 그 기운을 읽을 수가 없다. 그 이유는 영의 세계를 모르는 상태에서 보기에 그런 것이다.

당연한 일이다. 하지만 난 윤희가 변화가 있든 없든 상관없이 윤희의 몸에 있는 영을 바로잡기 위해 노력을 했다. 하늘은 무심하지 않았다. 나에게 힘을 준 것이며 능력을 내려주었다.

천도를 하거나 사업이 잘되기를 원하는 기도는 그런대로 쉽다. 영적 환자를 대한다는 것은 너무 어려운 과정이 있다. 영으로 고친다고 해도, 영적으로 마무리가 되어도, 인간적으로 마무리가 안 된다면 고쳐도 소용이 없다. 그러니까 힘이 든다.

우선 정신과 약을 먹어서 환자가 더 힘들다. 그것을 이해하며 고쳐야 한다. 가끔 고래고래 소리를 지르기도 하고 반감을 사게 만들기도 한다. 하지만 환자는 그것을 모르기에 서로 하나가 되어 고쳐나가야 한다.

지금은 윤희를 고쳐가는 중이다.

아마 이 책이 독자제위께 읽어질 때가 되면 윤희라는 환자는 훨씬 세상을 밝게 보고 살아갈 것이다.

지금 글을 쓰는 시간도 윤희와 같이 있다. 윤희가 정상이 되어 살아가기를 하늘에 빈다.

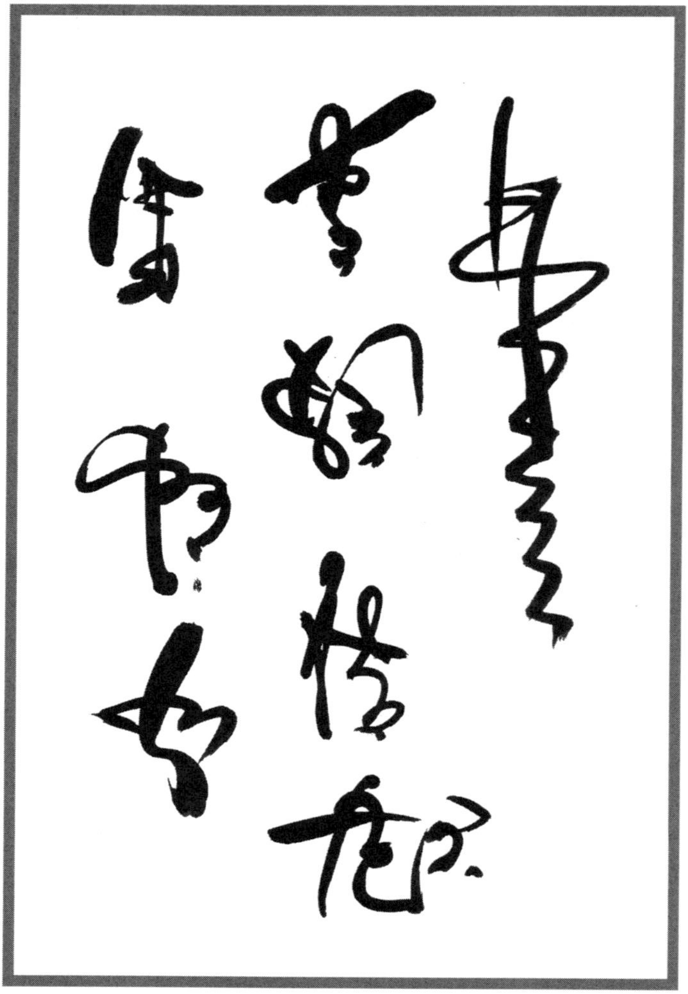

"천문"

후기

난 하늘을 원망하기도 했다.

그 이유는 '왜 나를 힘들게 하는가' 하고 말이다.

그러나 글을 쓰고 나니 나의 힘은 하늘에서 주는 것이라고 확신을 하게 됐다.

이제 여러분들은 4편을 읽고 하늘에서 내린 글이라고 더 확신을 할 것이다.

4편을 쓰며 여러 가지 일이 많았다.

점점 나의 영이 업그레이드가 된 것이다.

하늘은 인간을 사랑한다.

특히, 우리 민족의 조상 국조 단군은 더 그러하시다.

나를 미쳤다고 해도 좋다.

난 바른 것을 하고 싶을 뿐이다.

우리 민족을 위해 살고 싶다.

난 애국자는 아니지만 그러고 싶은 심정이다.

세계의 평화는 전쟁이 없어야 이룰 수 있다.

가정의 전쟁부터 사라져야 한다.

나는 오늘도 신명과 전쟁을 한다.

다른 사람의 마음에 있는 신명과 하는 것이다.

난 소임을 다 하고 싶다.

언젠가 그날이 올 것이다.

오늘도 보람을 찾기 위해 영을 찾는다.

제자들과 나를 찾는 사람들과 신명에 대해 많은 공부를 했다.

대한민국의 밝고 맑은 날을 기대하며….

깨달은 이

정도령

도반 4 깨달음으로 가는 101가지 이야기

1쇄 찍음 / 2007년 11월 10일
1쇄 펴냄 / 2007년 11월 15일

지은이 / 정도령
펴낸이 / 김태봉
편 집 / 황은진, 김주영, 김미란, 조시형
마케팅 / 박상필, 김명준
웹 / 이준혁
등 록 / 제5-213호
펴낸곳 / 한솜미디어
주소 / (우143-200) 서울시 광진구 구의동 243-22
전화 / (02)454-0492, 팩시밀리 (02)454-0493
HomePage http://hansom.co.kr

값 10,000원

ISBN 978-89-5959-128-2 03250